本书受北京高校中国特色社会主义理论研究协同创新中心（首都师范大学）"马克思主义与当代中国文化建设"项目资助

从特殊化到多元化

高校来华留学生事务跨文化管理研究

［李慧琳 著］

From Specialization to Diversification:
University International Student Affairs
Cross-cultural Administration

首都师范大学出版社
CAPITAL NORMAL UNIVERSITY PRESS

图书在版编目(CIP)数据

从特殊化到多元化：高校来华留学生事务跨文化管理研究 / 李慧琳著． —北京：首都师范大学出版社，2017.10
ISBN 978-7-5656-3925-8

Ⅰ.①从… Ⅱ.①李… Ⅲ.①高等学校－留学教育－跨文化管理－研究－中国 Ⅳ.①G648.9

中国版本图书馆 CIP 数据核字(2017)第 256721 号

CONG TESHUHUA DAO DUOYUANHUA
从特殊化到多元化
——高校来华留学生事务跨文化管理研究

李慧琳　著

责任编辑　杨林玉
首都师范大学出版社出版发行
地　址　北京西三环北路 105 号
邮　编　100048
电　话　68418523(总编室)　68982468(发行部)
网　址　cnupn.cnu.edu.cn
印　刷　北京九州迅驰传媒文化有限公司
经　销　全国新华书店
版　次　2017 年 11 月第 1 版
印　次　2017 年 11 月第 1 次印刷
开　本　710mm×1000mm　1/16
印　张　10.75
字　数　198 千
定　价　29.00 元

版权所有　违者必究
如有质量问题　请与出版社联系退换

序

在高等教育领域，留学生事务跨文化管理这个话题已经愈来愈引起学术界的关注。

《从特殊化到多元化——高校来华留学生事务跨文化管理研究》是李慧琳博士的第一本学术著作，能够顺利出版，我深感欣慰，并强烈推荐留学生事务管理领域的专业和非专业人士阅读这本著作。我也感谢首都师范大学出版社，他们能够慧眼选材，接受并出版这本优秀的学术著作。

作为我指导的第一位思想政治教育专业博士，李慧琳能够从国际化的时代背景出发，在综合考量知识储备、专业特点、实践经历和高校实际需求的基础上，用跨学科的独特视角来观察分析留学生事务管理领域的问题，这是难能可贵的。

尽管近年来学术界对留学生事务的关注正在逐步提升，但是呈现出的理论成果却多数是针对某一具体问题的阶段性探讨和分析，能够从全局的角度出发综合运用多学科知识、多种研究方法对留学生事务跨文化管理问题进行全面性的历史回顾、客观分析、系统梳理的学术成果仍然屈指可数。

从著作本身来看，不仅从历史的角度对我国高校来华留学生事务管理传统特殊化模式的形成及原因进行了深入探讨，同时对新形势下高校来华留学生事务管理的变革期待进行了全面分析，在此基础上，借鉴国（境）外高校有益的做法，结合本土实际，对高校来华留学生事务跨文化管理进行了包括基本原则、理念系统、组织系统、外部支持系统以及实现路径方面的具体设计，其中最具代表性的就是提出并论证了来华留学生事务跨文化、分层次的管理模式。这一模式对我国高校来华留学生事务管理的实践具有重要的参考价值。

作为她的导师，我见证了她博士在读期间的每一分努力和学术成长的全过程。四年间，她坚持"板凳要坐十年冷，文章不著半句空"的学术理念，广泛阅读相关书籍，深入参与一线实践，获取大量一手资料，积极参加国内外学术交流，不断开阔学术视野，甚至亲赴欧洲实地调研国外高校留学生事务管理实况，这些实践经历在其论文成果中都得以充分地呈现。

李慧琳博士的论文能够出版，我想这是对她几年来在这一领域的不懈坚守给予的最好回报。我为她的锲而不舍感到欣慰，也期待着她能够在高校来华留学生事务跨文化管理研究领域取得更高建树，并期待通过本书的出版能吸引更多的同行，共同把高校来华留学生事务管理研究引向深入。

彭庆红

2017年6月30日

目 录

1 导 论 /1
  1.1 研究背景 /2
  1.2 研究意义 /5
  1.3 研究现状及文献综述 /6
    1.3.1 留学生文化适应性研究 /7
    1.3.2 留学生管理体制与机制研究 /9
    1.3.3 留学生事务管理内容研究 /14
    1.3.4 国内外留学生事务管理的比较研究 /17
    1.3.5 跨文化管理的研究 /18
  1.4 现有研究的局限与不足 /19
  1.5 研究的理论基础 /20
  1.6 研究思路与方法 /30

2 高校来华留学生事务管理传统模式的形成及原因分析 /33
  2.1 特殊化管理模式的形成及体现 /33
    2.1.1 新中国留学生教育发展的简要回顾 /34
    2.1.2 "特殊化"管理模式的现实体现 /36
  2.2 特殊化管理模式形成原因分析 /44
    2.2.1 特定历史时期国内外政治经济环境的影响 /44
    2.2.2 对留学生身份定位不明确 /45
    2.2.3 制度建设相对滞后 /46
    2.2.4 高等学校缺乏来华留学生教育管理自主权 /48

3 新形势下高校来华留学生事务管理的变革期待 /50
3.1 特殊化管理模式面临的严峻挑战 /50
3.1.1 高校来华留学生群体呈现出多元化特征 /52
3.1.2 "特殊照顾"无法适应留学生规模化激增的需要 /57
3.1.3 留学生事务管理"越位"与"缺位"并存 /60
3.1.4 管理者能力素质与实际需求存在差距 /64
3.2 多元化时代背景下留学生事务管理的变革期待 /68
3.2.1 文化休克引发留学生心理亚健康问题 /68
3.2.2 公共环境差异导致留学生生活交往困惑 /69
3.2.3 语言障碍影响来华留学生的学术参与 /70
3.2.4 留学生对高校学生事务管理理念与方式的理解存在偏差 /71

4 国(境)外高校学生事务管理的实践及其启示 /74
4.1 英美高校学生事务管理的实践及其启示 /74
4.1.1 英国高校学生事务管理实践概述 /74
4.1.2 美国高校学生事务管理实践概述 /78
4.1.3 英美高校学生事务管理对我国来华留学生事务管理的启示 /83
4.2 欧洲大陆高等教育区高校学生事务管理的实践及其启示 /84
4.2.1 欧洲大陆高等教育区高校学生事务管理的实践概述 /87
4.2.2 欧洲大陆高等教育区高校学生事务管理的启示 /89
4.3 港台地区高校学生事务管理的实践及其启示 /90
4.3.1 港台地区高校学生事务管理的实践概述 /90
4.3.2 港台地区高校学生事务管理的启示 /93

5 高校来华留学生事务跨文化管理的系统设计 /97
5.1 高校来华留学生事务跨文化管理的基本原则与发展策略 /97
5.1.1 高校来华留学生事务跨文化管理的基本原则 /98
5.1.2 高校来华留学生事务跨文化管理的发展策略 /100
5.2 高校来华留学生事务跨文化管理的理念系统 /101
5.2.1 "以人为本"贯穿管理过程 /101
5.2.2 尊重文化差异,倡导平等包容、自治互助 /102

  5.2.3 来华留学生事务管理的跨文化定位 / 104
 5.3 高校来华留学生事务跨文化管理的组织系统 / 105
  5.3.1 管理体制与运行机制 / 106
  5.3.2 管理制度与运行模式 / 108
  5.3.3 管理队伍的构成及发展 / 117
 5.4 高校来华留学生事务跨文化管理的外部支持系统 / 126
  5.4.1 政策支持 / 126
  5.4.2 社会支持 / 131

6 高校来华留学生事务跨文化管理的实现路径 / 135
 6.1 来华留学生事务管理的跨文化沟通 / 135
 6.2 来华留学生事务管理者的跨文化培训 / 140
 6.3 来华留学生事务的趋同管理 / 141
 6.4 优化留学生事务管理的物质环境与精神环境 / 147

7 结 论 / 149

参考文献 / 151

附 录 / 159
 附录1 高校来华留学生事务跨文化管理访谈提纲(专家版) / 159
 附录2 高校来华留学生事务跨文化管理访谈提纲(来华留学生版) / 160
 附录3 高校来华留学生事务跨文化管理访谈提纲(海外中国学生版) / 160

后 记 / 161

1 导 论

留学生，是高等学校学生群体的重要组成部分。进入新的世纪以来，我国政治稳定，经济快速发展，高等教育质量不断提高，来华留学的潜在价值越来越获得认同，来华留学的环境也越来越好，来华留学生教育事业进入高速发展时期，我国已经成为国际上留学生流动的重要目的国之一。但是，鉴于我国高校接收留学生的历史还比较短暂，在对留学生的教育管理工作方面还处于探索阶段，因而存在着诸如尚未建立一套行之有效的外国留学生录取的质量监控机制、外国留学生的汉语能力、跨文化适应能力还需要有突破性的提高以及来华留学生的规模、层次与西方发达国家相比还存在一定差距等问题。在此背景下，对高等学校来华留学生教育管理进行系统全面的剖析，对于提升我国留学生事务管理的整体水平具有积极的推进作用。

在高等教育国际化水平迅猛发展的背景下，我国高校来华留学生的数量自2000年以来呈现出规模化激增的态势。留学生数量的不断增加对我国高校留学生事务的管理工作提出了严峻的挑战。与此相呼应，针对来华留学生群体的教育、管理、服务专业化与科学化问题的探讨日益成为学界关注的焦点。

作者经过一定阶段的理论积累和实践参与，通过对大陆高校来华留学生教育管理的历史回顾，分析了在过去近七十年的发展过程中，留学生教育政策的不断完善和进步以及管理实践从"特殊照顾"到"趋同管理"的转变，同时也发现了当前我国高校来华留学生事务管理过程中存在的诸如管理机构设置不合理、管理理念保守、管理者积极性不高、留学生配合不够等诸多问题与症结。结合教育学、教育心理学、管理学、组织行为学的基本原理和学生事务管理、跨文化管理、多元文化的相关理论，作者认为，我国高校来华留学生事务的管理，客观上应该是一个不同意识形态下、不同文化传统相互碰撞、相互交融、和谐共生的过程。在管理实践中，应该转变传统的"为管理而管理"的刚性观念，树立"跨文化"的"多元化"柔性管理理念，在吸收和借鉴欧美、港台著名高校留学生事务管理方式和经验的基础上，结合我国的特殊国情背景，设计出一套具备中国特色的、动态的来华留学生事务管理体系。

在这一体系中，留学生事务管理机构的设置相对独立，权责清晰，留学生事务管理者与留学生之间的关系不再是生硬的管理者与被管理者、绝对的命令者与无条件的服从者，而是一种建立在相互尊重、相互信任基础上的多元化互动的关系。在这样的互动中，管理者扮演一种新的引导者与服务者的角色，在帮助留学生克服各种文化障碍的基础上，使得留学生多元化的发展需求在体系中得到充分满足与实现。

1.1 研究背景

"学生事务"最初是一个舶来词汇，最早发端于美国高等教育领域的"Student Affairs"这一历史的、动态的概念。随着我国高校学生工作内容的不断丰富与拓展，其"管理性"特点日益明显，"Student Affairs Administration（学生事务管理）"这一专业术语开始得到广泛接受与运用，并逐渐成为当前高校学生工作理论与实践领域出现频次最高的核心词汇之一。

随着国内外高等教育管理理念与实践的不断发展成熟，"高校学生事务管理"成为20世纪90年代末在国内学界兴起的一个新的议题，尽管在英美地区已经发展得非常成熟并且已成体系，[1]但是由于政治经济及历史原因，我国在该领域的探讨却处于刚刚起步的阶段。

随着高等教育国际化发展水平的不断提升，学界对学生事务管理的研究也逐步拓展至留学生事务领域，研究水平也一步步提升至专业化与科学化的高度。

从1950年年底新中国接收第一批来自捷克斯洛伐克、波兰、罗马尼亚、匈牙利和保加利亚5个国家的33名来华留学生[2]到2016年底的66年间，我国对留学生

---

[1] 2001年，美国佐治亚大学（雅典城校区）顾问和人类发展服务部大学生事务管理教授温斯顿等著的《学生事务管理者专业化论》(*The Professional Student Affairs Administrator, Educator, Leader, and Manager*. Roger B. Winston, Don G. Creamer Theodore K. Miller, Newyork: Routledge Press, 2001) 是该领域研究成果的代表之作，作者从专业的角度探讨了美国学生事务管理的历史发展脉络、管理者在不同管理阶段的角色职能、利用"公平敏感视角模型"对实用与公平的教学生活环境的创造以及如何用管理电子科技来服务于高校学生事务管理领域等课题，为中国高校学生事务的研究提供了重要的理论参考与方法借鉴。

[2] 李滔：《中华留学教育史录（1949年以后）》，286页，北京，高等教育出版社，2000。

的教育与管理经历了起步、实验探索、定位调整以及21世纪初以来的快速发展时期。来自教育部国际司的最新统计数据显示：截至2016年底，全国高校来华留学生总数达442773人，比2015年的397635人增加了45138人，增长比例为11.35%。这些留学生来自205个国家和地区，分布在全国范围内32个省、自治区、直辖市的829所高等学校、科研院所和其他教学机构中学习。①其中，亚洲、欧洲、美洲、非洲、大洋洲来华留学生总人数分别为264976、71319、38077、61594、6807名。北京、上海、浙江位列吸引来华留学生人数省份前三位。

乘着国家"一带一路"发展机遇的东风，2015年以来，来华留学生规模稳步增长，生源结构不断优化。留学生生源国覆盖范围稳定，一带一路沿线国家成为来华留学发力点。

来华留学生人数的激增，使得一些前所未有的问题日益凸显，如何适应时代发展的需要，从根本上转变观念，提高高校来华留学生事务跨文化管理的科学化水平，成为学界关注的焦点。

在我国来华留学生教育发展的初期，由于留学生人数少，规模小，活动范围有限，中国政府出于多方面考虑而采取相对"封闭"或"半封闭"的管理模式，而这种管理方式直接呈现出的特点就是对留学生无论是从生活上还是教学上都给予了一定程度的"特殊照顾"：学习上有专用的留学生教室，有专门的留学生汉语及学科辅导老师，生活上有与国内学生完全区别开的留学生公寓、留学生餐厅或是留学生专用厨房，甚至是课下的业余生活都安排特定的中国学生对他们进行一对一的引导。我们可以理解，采取这样的管理方式是出于防止留学生与中国学生之间发生文化或其他方面的冲突与避免"文化渗透"的考虑。这一时期，相应于留学生人数较少、规模较小、活动范围有限的现状，留学生管理人员也为数不多，且多数是兼任，还没有专职的来华留学生事务管理人员。

鉴于我国当时特定的历史条件，不能否认，这种传统的以"特殊照顾"为显著特征的"特殊化"②管理理念与"封闭半封闭"的管理方式在一定程度上对于留学生事务

---

① 教育部：《2016年全国来华留学生简明统计报告》，http://www.moe.edu.cn/jyb_xwfb/xw_fbh/moe_2069/xwfbh_2017n/xwfb_170301/170301_sjtj/201703/t20170301_297677.html[2017-03-07]

② 1985年10月14日，经国务院批准转发的国家教委等中央有关部门制定的《外国留学生管理办法》中提到对留学生的教育管理，要遵循"政治上积极影响，不强加于人，学习上严格要求，认真帮助，生活上严肃管理，适当照顾"的原则。然而"适当照顾"原则在实际操作中却被执行为"特殊照顾"，从而产生了留学生事务管理领域"特殊化"理念的盛行，在这样的理念之下，实践中遭遇管理瓶颈也就不足为怪了。事实上，这是两个截然不同的概念，是不能混为一谈的。

的有效管理曾经起到过积极的推动作用。但是，随着中国改革开放的不断深入，政治经济的迅猛发展以及国际地位的不断提升，作为一个迅速崛起的东方大国，中国对世界的影响日益扩大，中国政府顺应世界高等教育国际化的发展潮流，相继出台了一系列优惠政策，特别是"中国政府奖学金"①项目的进一步完善，资助类别、资助金额不断增加，资助对象范围不断扩大，成为来华留学生教育事业进入新的发展阶段的助推器。

政治经济的发展和政府政策的有力推动与促进，使得中国以更加开放的姿态吸引着越来越多的留学生怀着各种不同的目标与愿望来到中国学习深造。他们或钟情于中国悠久的传统文化底蕴，或要探寻中国迅速崛起的发展之路。留学生的目光已经不再局限于校园内的理论学习生活，而是逐步投向了内容更加丰富、形式更加多样的社会生活领域。他们想要融入中国社会的要求越来越强烈。

来华留学生数量急剧上升，层次越来越多，人员构成及背景越来越复杂，活动范围急剧扩大，国别、民族、信仰各有差异，能否做好留学生事务的管理工作，事关学校与社会的稳定大局。在这样的时代背景下，无论是从管理、教学还是生活上，传统模式下的"特殊照顾"理念很显然已经无法适应留学生规模化激增的需要，留学生迫切需要融入中国社会的现实状况对传统的留学生事务管理模式提出了重大挑战。

文化休克②、观念冲突、语言交流与沟通障碍、生活交往困惑、管理体制机制滞后、留学生国民待遇不够充分等问题的凸显呼唤新的管理理念与方法的诞生。对"高校来华留学生事务"跨文化管理的研究至此成为"高校学生事务管理"领域另一个崭新的课题。在经济全球化、文化多元化、高等教育国际化的时代背景之下，只有转变观念，走"跨文化"的多元管理之路，才能在错综复杂的国际环境中实现中外多领域、多层次的交流与融合、互补与借鉴，才能从根本上提升留学生事务管理的科学化水平。

---

① 为资助世界各国学生、学者到中国高等学校进行学习和研究，增进中国人民与世界各国人民的相互理解和友谊，发展中国与世界各国在教育、科技、文化、经贸等领域的交流与合作，中国政府于20世纪80年代设立"中国政府奖学金"。教育部负责根据中国政府与外国政府或国际组织达成的协议或计划对外提供中国政府奖学金，并委托国家留学基金管理委员会(简称CSC)具体负责享受中国政府奖学金来华留学的外国籍学生的招生及日常事务的管理工作。中国政府奖学金类别多、提供对象广泛、资助期限长，成为吸引世界各国留学生到中国来学习深造的最有力的政策保障。

② "文化休克(Cultural Shock)"是1958年美国人类学家奥博格(Kalvero Oberg)提出来的一个概念，是指一个人进入到不熟悉的文化环境时，因失去自己熟悉的所有社会交流的符号与手段而产生的一种迷失、疑惑、排斥甚至恐惧的感觉。当一个长期生活于自己母国文化的人突然来到另一种完全相异的新的文化环境中时，其在一段时间内常常会出现这种文化休克的现象。

1.2 研究意义

系统而深入地对"高校来华留学生事务跨文化管理"这一极具时代特征的课题进行研究,从理论层面上看,不仅是对学生事务管理理论的充实与丰富,同时也是对管理学理论、多元文化发展理论、跨文化理论体系的一种新的拓展。

对"来华留学生事务跨文化管理"的深入探讨,从实践层面上看,对于发现并剖析留学生事务管理过程中的各种问题,改变滞后的管理理念与方式,构建规范化、制度化、多元化的留学生事务跨文化管理模式,增强高校对来华留学生事务管理的实效,从整体上提高留学生事务管理工作的专业化与科学化水平也起着积极的推动作用。

对来华留学生事务进行跨文化管理,是具体问题具体分析的体现,是解决特殊矛盾的过程,是科学的、实事求是的态度和方法。如果认识不到这些,简单地用对本国学生管理的措施对待来华留学生,是盲目的、机械的、笼统的。来华留学生事务的特殊性,是整个教育管理过程中的特殊,是教育的组成部分,留学生来源与文化背景的特殊性,并不与教育管理的目的和原则相对立,也不与管理过程发生根本冲突。从这个意义上看,强调跨文化管理的趋同性是符合教育管理规律的体现。科学的管理不会因为对象的成分不同而改变其根本体系,跨文化管理也必定是在坚持初始目标的基础上实现原则性与灵活性的统一。来华留学生的到来,在校园文化中加入了多元的成分,促进了校园文化的发展。在这种情况下,如果把针对来华留学生的教育、管理原则、方法过分独立化,就不能适应教育国际化的发展。跨文化管理并不排斥管理过程中的个别内容与方法。正是认识到了来华留学生本身的文化多样性,才会有跨文化的管理手段和方法。实践中现行的针对来华留学生的管理所制定的相应的政策和法规、制度和办法,是科学地做好跨文化管理不可或缺的部分。

跨文化的管理不是空泛的,实施来华留学生事务的跨文化管理,既是必要的,又是可行的。社会发展也必将使跨越不同文化的人类交流愈加频繁,实施跨文化的管理就能够增强不同文化的认同感和包容性,从而更好地促进语言文化的发展,以及不同语言、文化之间的交流与沟通。而对来华留学生事务跨文化管理的研究恰恰体现出这样的现实意义:

第一,不同文化的碰撞增强留学生的应变能力、对文化多样性的认同与包容,从而更好地促进不同文化的交流与沟通,提高留学生对社会的适应能力。

第二,留学生在接受汉语知识的同时,充分汲取中国文化精髓,视野不断开阔，知识面不断拓展，全球性文化视野和吸纳人类有益文化的态度与意识不断增强。

1.3 研究现状及文献综述

为了更全面地了解学界对"高校来华留学生事务管理"领域的研讨情况，笔者就这一命题对已经发表的具有代表性的学术论文①进行了相关检索，进程及结果如下：

在中国学术期刊网(CNKI)上以"题名"为检索项，以"留学生管理""学生事务管理""留学生事务管理"为检索词，取时间跨度为30年(1981—2011)，进行"精确匹配"的跨库检索，共得出相关结果如表1-1所示：

表1-1　CNKI检索结果汇总(检索时间：2011年12月)

年份	题名检索词	跨库总篇目	期刊网全文数据库	中国优秀硕士论文全文数据库	中国博士论文全文数据库	中国重要会议论文数据库
1981—2011	留学生管理	126	120	2	0	4
1981—2011	学生事务管理	179	164	13	1	1
1981—2011	留学生事务管理	1	0	1	0	0

从表1-1已可直观，在2011年之前，唯一的一篇博士毕业论文《美国高校学生事务管理研究》[②]是对国外高校学生事务管理的研究。同样，关于留学生事务管理的文章也仅有优秀硕士论文一篇——《我国大学留学生事务管理机构研究》，从其标题不难看出，该论文的研究侧重于留学生管理的机构建设而非管理过程。

2017年3月，再次以同样的方式查询近六年来该领域研究的新变化。

---

① 资料来源于中国期刊网(CNKI)，以1981—2011年间发表在"核心期刊"上的理论成果为主要参照。
② 游敏惠：《美国高校学生事务管理研究》，重庆，西南大学博士学位论文，2008。

表 1-2 CNKI 检索结果汇总（检索时间：2017 年 3 月）

年份	主题检索词	跨库总篇目	期刊网全文数据库（CSSCI 与中文核心期刊）	中国优秀硕士学位论文全文数据库	中国博士学位论文全文数据库	中国重要会议论文全文数据库
2012—2017	留学生管理	144	67	77	0	10
2012—2017	学生事务管理	309	178	126	4	1
2012—2017	留学生事务管理	4	3	0	1	0

从表 1-2 中不难看出，尽管近年来对学生事务管理的关注与研究已经取得了相当大的突破，但是，以"留学生事务管理"为焦点而进行的探讨却仍然为数不多（就已公开发表的论文来看，均为笔者本人的研究成果）。因而，从专业的"跨文化管理"角度对"来华留学生事务"相关问题的研究尚存在很大的空间，这就需要我们在综合分析已有成果的基础上做进一步的探讨与提升。

当然，从探讨的内容来看，上述成果并没有从专业术语的角度对"留学生事务管理"与"留学生管理"做特别明确的概念界定。鉴于二者有着密不可分的联系，本书亦在同一意义上使用"来华留学生管理"与"来华留学生事务管理"。

1.3.1 留学生文化适应性研究

留学生到中国，经历过一定阶段的新鲜好奇之后，面临的一大难题就是如何尽快适应中国的环境和完全不同于其国内的生活。特别是在最初阶段，囿于语言不通，信息不畅，不能与中国老师和学生进行正常的交流与沟通，难免会在心理上产生极大落差，以致引发不良情绪。如何对诸如此类问题进行正确引导，一度成为留学生事务管理领域关注的焦点。

早在 1996 年，就有研究者[①]开创性地将"心理学原理"运用到留学生管理实践中，开辟了从心理学角度对留学生进行分析探讨的新领域。刘同兰认为，研究来华留学生的心理特征，可以帮助管理者因人制宜，克服沟通障碍，一把钥匙开一把锁，做到有的放矢。特别是创造性地提出用"挫折理论"进行外国留学生管理——留学生到达目的国初期会产生"文化休克"现象，遭受生活与心理上的挫折，各种心理问题与异常情绪也会接踵而至。留管干部要善于从挫折的征兆中找出真实的原因，

---

① 刘同兰：《外国留学生管理工作中心理学原理应用》，载《心理科学》，1996(05)，304—305 页。

采取种种诱导措施，移情易景，创造积极的环境氛围，促进消极行为向建设性行为的转化。

南京河海大学国际合作与教育处郭继超老师结合多年的留学生管理经验，指出："留管工作涉及方方面面，其中涉及由于中外文化不同而产生的文化冲突方面，如何看待这种冲突，如何进行交流、协调，进而成功地实施跨文化管理，对留管工作的全局起到了举足轻重的作用。"①

这是"跨文化管理"这一专业术语首次出现在留学生事务管理领域，表明对来华留学生事务管理过程中的各种问题与对策的认知已经开始上升到一定的理论高度。

郭继超认为："从文化比较学的角度来看，文化差异是文化冲突产生的必然因素。当来华留学生带着这种文化差异从世界各地来到中国，成为留管工作的管理对象时，必然产生所谓的'文化冲突'现象。"对此，应该站在管理者的立场上，探讨减少"文化冲突"的对策与措施，即"加强沟通，掌握精确的沟通语言；加强跨文化管理的能力，对双方的文化都有相当程度的了解；具备一些专门的知识，有的放矢地做好留学生思想工作。"特别是在留学生事务管理中引入"以我为主"和"以人为本"的管理思想，明确并认真履行管理者"管理、服务、咨询"的不同职能，在坚持我国法律和规章制度的前提下，尊重并理解留学生本国的文化，减少管理过程中的矛盾与冲突。

上海政法学院杨军红老师的博士论文《来华留学生跨文化适应问题研究》可以说是跨文化领域一个比较系统的理论成果。作者从来华留学生的日常生活入手，从自然环境、人际交往、语言障碍、学术状况、心理压力等方面分析了来华留学生的适应状况，分别从多维度、多层面探索了影响留学生跨文化适应的个人因素和社会环境因素，为我们对来华留学生事务跨文化管理全过程的研究提供了重要借鉴。但是，作者主要以比较教育学、跨文化心理学为理论基础，从留学生自身如何克服文化差异而逐步适应留学所在国的新环境为基本出发点，还没有站在管理者的角度，从"管理学"的视角对"跨文化管理"进行深入的探讨分析。

对于如何突破文化冲突的障碍，尽快实现"文化适应"，王剑军从来华留学生教育管理的实践出发，强调"我们应该关注学生的需求及全面发展的需要"，摒弃留学生教育管理中存在的"特殊照顾"与"教学方法、教育形式单一"的现象，以"间性文化观和趋同管理"为教育管理的基准点，培养一种文化交融的眼界，实现文化的融合，以积极引导逐步取代特殊照顾。在这里，作者已经探索到了问题的关键所在，

---

① 郭继超：《留学生管理工作中的文化冲突及其对策》，载《中国高教研究》，2001(11)，68—69页。

针对性地提出应该树立"间性文化观"①，以消除留学生事务管理者中存在的"本土文化"的绝对优越性和中心主义观念，从而实现文化主体即管理者与留学生之间的相对平等性、渗透性和融合性。这样的观念无疑已经将"人文关怀"理念与"柔性管理"②思想融入管理实践当中，对于跨文化管理的实现起着积极的推动作用。

上述理论成果已经看到了来华留学生事务管理中的核心问题所在，可以说是"跨文化"管理理念在来华留学生管理领域实践的初始阶段，但是还没有形成专门的、系统的理论支撑。这就需要我们做进一步的研究与探讨。

1.3.2　留学生管理体制与机制研究

(1) 关于管理理念、留学生管理规范化与制度化的研究

1994年，正值我国来华留学生教育的定位调整阶段，可以说，经过新中国成立初期的探索和改革开放后的实践阶段，我国在这一领域已经积累了一定的经验。时任北京大学留学生处处长的黄道林研究员详细阐释了做好留学生管理工作需要妥善处理好的几种关系，③即管理与服务的关系，管理与疏导，管理与交朋友——管理工作中的感情基础问题，学校管理和社会管理的各种问题，留学生管理工作的制度化、规范化、科学化的问题。特别是提出"留学生管理实质上是为留学生服务的，服务工作做好了，管理工作也就做好了一大半。"留学生事务管理领域的指导思想与观念需要转变，需改变"管理高高在上"，"服务低人一等"的传统观念。并且在该领域首次提出"服务"一词，认为需要将"服务意识"融入贯穿到留学生事务管理实践的全过程。这与多年后"人文关怀"④和"柔性管理"⑤理念开始出现在留学生事务管理领域中是一脉相承的。

黄道林还谈到留学生管理工作规范化、制度化过程中的几个问题，认为重大政策的出台及改变需慎重，规章制度的执行应该坚持公开性与可操作性相统一、原则性与灵活性相结合的基本原则，这些观点都是具有代表性和借鉴意义的，并且与中国当时的社会发展程度和留学生教育的整体发展水平相呼应，是留学生事务管理实

---

① 王剑军：《论间性文化观和趋同管理视域下来华留学生的教育管理》，载《教育与职业》，2011(06)，35—36页。
② 方玲波：《关于高校留学生柔性管理的思考》，载《教育与职业》，2006(32)，39—40页。
③ 黄道林：《正确处理留学生管理工作中的若干问题》，载《中国高教研究》，1994(06)，51—54页。
④ 于淼、李国栋：《试论人文关怀视角下的高校留学生管理工作》，载《继续教育研究》，2010(07)，131—133页。
⑤ 方玲波：《关于高校留学生柔性管理的思考》，载《教育与职业》，2006(32)，39—40页。

践在理论研究领域的直接映射。

　　2001年,我国来华留学生教育开始进入快速发展阶段,对留学生管理规范化与科学化的研究成果在这一时期开始涌现。吴缄中、鹿士义认为留学生管理工作更具法治化、规范化、科学化根本方法是实现"留学生管理的现代化"的新理念,并探索了"留学生管理现代化"的途径与方法,即"建立起涵盖系统论、信息论、决策论、组织论等在内的现代留学生管理理论与思想观念,实现指导思想的现代化;改变传统型、经验型管理方法,把现代科学技术成就运用于留学生管理工作,实现留学生管理的系统化、标准化和数据化,实现管理方法的现代化;以管理科学为出发点,结合国情与法律,制定适合留学生管理的规范化条例,减少工作中的随意性和人为因素造成的干扰,形成'校内管理校园化,校外管理社会化'的现代化管理模式,实现留学生管理的法治化;应该采取多种方式提高管理人员的整体素质,如定期安排出国进修,定期举办外语、国际法、教育法等语言和法律培训班,培养既掌握科学技术与管理知识又富于实践经验、善于吸收国内外先进技术和科学管理知识的开拓型人才,实现管理人才的现代化"[①]。

　　21世纪的第一个十年,我国留学生教育管理工作在理念和实践上都实现了新的发展与跨越。冒大卫从"高校留学生管理工作理念与机制创新"对于加快教育国际化步伐与提升国内高校国际化水平的重要意义的视角,对这一问题进行了阐释。他认为,高校应该在明确留学生管理的目标理念与留学生群体特征的基础上,从"留学生的管理职能实现、管理机构设置、培养项目类型"等三个方面形成"多元化"留学生管理格局。[②] "多元化"理念的提出,不是一时的突发奇想,而是在全面把握留学生群体多元化[③](留学生群体多元化是对"留学生生源多元化、流向多元化、留学目标多元化"的整体概括)、管理机制多样化、培养过程具备阶段性特点的基础上得出的结论,一定程度上反映了当前留学生事务管理的复杂性。建立"多元化"管理机制,不仅可以对管理过程与相关领域作进一步的细分,提高管理的精致化、科学化水平,更是提高国际竞争软实力的关键因素之一。

　　(2)关于来华留学生事务管理模式、机构设置的研究

　　关于来华留学生事务管理的模式、机构的问题,所有的研究成果几乎无一例外

---

① 吴缄中,鹿士义:《世纪之交呼唤留学生管理现代化》,载《中国高教研究》,2001(01),61—62页。

② 冒大卫:《浅析高校留学生管理工作的理念与机制创新》,载《思想教育研究》,2011(01),92—94页。

③ 于富增:《改革开放30年的来华留学生教育》,78页,北京,北京语言大学出版社,2008。

地提到了需要改变传统的管理模式,建立一套科学有效的、切实可行的留学生管理体制与运行机制,提高管理者的综合素质与业务水平。尽管尚未形成系统的理论体系,但学界观点依然是见仁见智。

冯保平在政治经济体制改革大潮兴起的时代背景下,分析了我国当时留学生管理的实际以及与国际上通行做法的差异,并结合"我国处于社会主义初级阶段,包括校园环境和社会环境在内的外部环境的整体优化还需要较长时间"的现实状况,提出:"建立符合中国国情的留学生教育管理工作的模式,是做好留学生教育管理工作的基础,而这种模式需包含这样的内容,即要具备明确的接受培养留学生工作的指导方针,充分认识留学生教育管理工作在我国外交工作、促进改革开放、发展科技生产力以及维护世界和平增进世界人民之间的友谊诸方面的战略意义;要具备独特的留学生培养目标和教育管理工作方针,即学习上严格要求,认真帮助;政治上积极影响,不强加于人;生活上严肃管理,适当照顾;要形成较为规范的留学生接收工作和教学工作标准方式,即规范各类留学生的接收标准和程序,明确接收院校的审核与评估标准,强调'以教学为中心'的原则;要建立健全留学生管理的规章制度,使留学生有明确的行为标准规范,逐步步入'校内管理校园化,校外管理社会化'的法制化轨道;结合社会主义制度的特点与留学生的思想状况,将留学生思想教育工作纳入学校思想政治工作中,对广大留学生进行勤奋学习、遵纪守法、团结友好、传统文化的教育,适当时候也可以介绍我国的政治主张和方针政策;还应形成完整的组织领导体系,即最高教育行政机关宏观调控,地市教育行政主管部门组织协调,相关院校实施操作的管理网络。此外,是否拥有一支'牢固掌握政策、遵守外事纪律、具备良好业务素质'的管理队伍则是实现留学生事务科学化管理的关键。"①

对于留学生事务管理的机构设置问题,杨慧认为,留学生事务管理应该设置专门的管理机构,与对国内学生的管理区别开来,有针对性地开展对留学生的教育管理工作。②事实上,我国绝大多数高校已经在机构设置方面进行了大胆的改革与尝试,从最初的"对外汉语教学中心"到"国际合作与交流处"③的产生,其职能范围正在一步步的拓展,除了负责全校的包括教师在内的国际交流等外事事务之外,对留学生事务的管理则是该机构工作内容的最重要组成部分。

---

① 冯保平:《建立具有中国特色的留学生教育管理模式》,载《中国高教研究》,1995(02),87—89页。
② 杨慧:《我国大学留学生事务管理机构研究》,23页,上海,复旦大学硕士学位论文,2008。
③ 不同高校的同一机构尽管有着不同的称谓,但履行的职责却是一致的。

(3)关于留学生事务管理者角色定位、能力素质的研究

在对留学生事务管理者角色定位和能力素质问题的探讨中,多数理论成果形成了基本一致的观点,即在管理的整个过程中,留学生事务管理者是主体,处于主导地位,而留学生们自身则被视为"客体",扮演着"辅助"与"配合"的角色。事实上,我们应该辩证地看待二者密切联系、相辅相成的关系。笔者认为,在留学生事务管理的整个过程中,二者的身份地位不是一成不变的。留学生事务管理者能否对自己进行准确的角色定位,是影响整个管理实效的关键所在。在传统观念中,留学生事务管理者一直以"留学生管理干部"自称,然而,在中国,"干部"一词无形中是"权力、命令与支配"的代名词。而"平等、沟通与服务"才应该是留学生事务管理工作的应有之义。

在留学生管理领域最早谈及班主任制度问题的金春花认为,"应该让为某一班级承担教学工作最多的任课老师担任该班级的班主任,利用与留学生接触时间多的优势,做好留学生教学、思想、纪律、品德教育的工作,在潜移默化中影响留学生,从而提高教学水平,增进师生感情"[①]。

实际上,班主任制度是一项应该在留学生事务管理中普遍采用的制度,应该动员富有外事经验和应变能力的教师和留学生事务管理者担任留学生班级的班主任,从教学、生活、心理、交往等诸多方面履行引导方向与指导方法的职责。

此外,对于留学生管理干部与教师在留管教育过程中的关系问题,卓争鸣阐明了自己独到的观点:"在留学生事务管理过程中,留管干部和任课教师应该实现角色互补,使得'管理'与'教育'相互融合,实现'以管促教'与'以教促管'的最佳结合。"[②]

传统观念认为"管理者"与"留学生"是管理与被管理的关系,按照这种理念,二者在管理过程中的地位应该是机械的"支配"与"被支配",而不是能动的引导与互动。对此,孙方娇强调:"应该重视和发挥留学生自身的主体地位,充分发挥留学生在管理过程中的能动作用,对于管理者更好地了解留学生的利益诉求有着积极的作用。"[③]

杨丽华结合学校与俄罗斯一江之隔的特殊地理位置和留学生的国籍特点,认为

[①] 金春花:《提高外国留学生管理工作水平的新尝试》,载《中国高教研究》,1997(05),81—83页。
[②] 卓争鸣:《管教相融 双向共进——谈留学生管理干部与教师在留管教育过程中的关系问题》,载《世界教育信息》,2004(07—08),81—83页。
[③] 孙方娇:《发挥留学生主体地位 探索留学生管理新举措》,载《中国科教创新导刊》,2009(07),65—67页。

教师在教学和管理中的角色不仅仅是"知识传授者"与"管理者",更应该实现在不同阶段的角色转换——学习上是任课老师,生活中是生活导师,休闲时是知心朋友。实践表明,管理者是否能够在管理实践中依据不同的环境特点实现角色灵活转换,是衡量管理者自身综合素质高低的关键因素。对留学生而言,管理者灵活的角色变化是柔性管理理念的直接体现。在此过程中,学生深刻体会到的是强烈的人文关怀,而不是刚性制度的冰冷生硬。

无论是对韩国留学生的管理,[①] 对伊斯兰教留学生的管理,[②] 还是对南亚地区留学生的管理,[③] 针对不同国家和地区来华留学生事务管理的研究成果在对策与措施上都有针对性地提出了多种不同的见解,虽有差异,但传达的核心理念却是一致的——根据来华留学生来源国的历史背景和文化传统,充分利用学校的地理位置与资源优势,探讨最适合其发展的管理模式与方法。虽然存在国家、地域和传统的差异性,但是来华留学生事务的管理过程本身却是有规律可循的——要在遵守法律法规的前提下,遵循管理的一般原则的基础上,尊重其文化传统、生活习惯与宗教信仰,这样才能最大程度上挖掘不同国家留学生的特点,充分利用其自身的优势,实现与中国特点的最佳融合。

留学生事务管理是一个双向互动的过程,在这个过程中,人是最为关键的因素。除了管理者自身要具备较高的个人素质与管理水平之外,留学生班干部在管理中发挥"头羊"作用[④]与协同作用[⑤]也必不可少,只有实现这样积极主动的双向良性互动,才能确保管理过程中信息的畅通与管理工作的有效开展。

对来华留学生事务体制与机制进行探讨的文章还有很多,在此不再一一枚举。尽管表述各有差异,但是反映出的信息却是基本一致的:我国对于来华留学生事务管理的探讨尚处于初级阶段,系统的理论框架正在摸索形成时期。来华留学生事务管理的实践需要更加先进的理念注入其中。

---

① 刘海涛,洪岩:《浅谈对韩国留学生的管理》,载《高校教育研究》,2004(04),173页。
② 李景山:《浅谈对穆斯林留学生的管理》,载《中国校外教育》,2010(06),48页。
③ 雷伟中:《湄公河流域国家来华留学生的文化特征及其管理》,载《广西民族学院学报(哲学和会科学版)》,2005(02),122—126页。
④ 李艳娟:《"头羊"效应 事半功倍——在留学生管理中发挥班干部的作用》,载《科教文汇(中旬刊)》,2009(18),67—68页。
⑤ 陆丹艳,范竞:《"骨干"撑起半边天——发挥班干部在留学生管理工作中的协同作用》,载《成功(教育)》,2009(21),97—99页。

1.3.3　留学生事务管理内容研究

(1) 对来华留学生教学管理的研究

在有关留学生教育与管理的成果中,很多将研究主题定位在课堂教学上,并针对目标问题提出了很多可以借鉴的对策性措施。

教学一线的老师通过多年对留学生教学管理的实践,从整体上进行了这样的思考:"要紧跟高等教育国际化的步伐,就要对来华留学生实施'趋同教学管理'的模式。"①在这里,趋同教学管理指的是对外国留学生的教学环节上趋向于与中国学生相同的管理,是比照教育本身的含义和国外对留学生教育所采用的方式而提出的一种对留学生管理的模式。这一提法的本身就表明了目前还不相同,而是要朝着相同的管理方式去努力,表达了教学管理模式改进的一个方向性目标。当然,这里的"趋同管理"与国外已经比较成熟的"同一管理"模式还不完全等同。同一管理强调完全无差别,而趋同管理则包含目标的一致性与方式方法灵活性的融合与统一。

具体而言,在教学制度上,实施"学分制"。学分制的基本原则是因材施教,奖优汰劣,"智力上适者生存"。②课程设置上,则建议根据留学生的实际需求和专业发展的需要,适当调整培养方案,适时更新课程与知识结构,体现出"文化性、生活性、社会性、个性化"的特点。③在教学方法上,特别强调理论与实践相结合,有计划地把课堂从教室里挪出来,到实际场景中去,到生活中去,发掘更多更先进的教学方式,特别是可以引入"场景模拟教学"法,使留学生身临其境感受学习内容,避免空洞刻板说教的资源浪费,力求在实践中实现"因材施教"。④在成果考核上,要实事求是,坚持客观公正的原则,避免因"特殊照顾"而破坏考核标准的现象出现。

(2) 对来华留学生思想教育的研究

对来华留学生思想教育问题的探讨可以回溯到 20 世纪 90 年代初,持续至今,仍然是留学生管理领域关注较多的内容之一。

针对来华留学生的思想教育而开展的工作,分别有着这样不同的称谓:"思想

---

① 夏青:《对来华学历留学生实施"趋同教学管理"模式的思考》,载《教育探索》,2010(09),72—73 页。
② 徐康年:《浅议实施学分制后的留学生管理工作》,载《中国高教研究》,1995(02),75—77 页。
③ 杨丽华:《对俄罗斯留学生的管理与教学刍议》,载《中国高教研究》,2004(03),89—90 页。
④ 由于留学生个人素质和整体水平的差异,使得因材施教的方式成为留学生教学实践过程中极其关键的因素。

道德教育"①、"思想教育"②、"品德教育"③。尽管尚未形成一个统一科学的术语，但是所遵循的教育原则和教育内容却基本一致——对来华留学生的思想教育，要按照"政治上积极影响，不强加于人"④的原则来进行，内容不是通常意义上的"政治思想教育"，而应当是一种"多数国家、各种社会能普遍接受和遵守的社会道德行为准则的教育"，它应该涵盖"国家有关外国人及社会公共生活秩序方面的法律法规的教育"、"学校校规校纪及学校校情的教育"、"国家与地方的民俗风情教育"、"文化传统与社会公德方面的教育"等方面。

对来华留学生的思想道德教育不同于对国内学生的思想政治教育，原因在于留学生文化背景、政治制度、思想观念、风俗习惯的差异。所以，我们不能用对国内高校学生进行思想政治教育的内容与方法强加于来华留学生，而是要有针对性地、有区别地对其进行包括法律法规、规章制度、基本国情、传统历史及文化教育，使他们在了解中国的基础上理解中国，认同中国现行的政治经济制度。

因此，在留学生事务管理早期的实践中，学者们强调："接受和培养外国留学生是一项具有战略意义的工作，也是国际发展的大趋势"，"要想在人才培养的国际竞争中占有一席之地并逐步扩大影响，就必须坚持以质取胜，除提高教学质量外，还应该有明确的外国留学生教育的目的，就要对外国留学生进行艰苦细致的思想教育工作"，"对留学生的思想教育，不仅要求他们遵守我国的相关法律，遵守学校的有关规定，认真学习，完成学业，还要向他们进行'了解中国'的教育，使他们了解、理解中国，增进友谊，把他们培养成为我国社会主义建设事业的宣传者和朋友。"⑤

不难看出，研究者已经认识到了思想政治教育在"高校来华留学生管理"过程中的重要性，从而坚持用"针对留学生所制定的各项管理条例，就是思想教育工作的一个部分"的观点对"来华留学生的教育管理工作不涉及思想教育工作"与"留学生管理干部的工作不能列入思想政治教育系列"的看法进行了有力的反驳，同时认为"思想教育工作是留学生管理工作的关键"，搞好留学生的思想教育工作是"稳定学生情

---

① 高英学：《关于来华留学生教育管理对策的思考》，载《中国高教研究》，1998年(06)，64－65页。
② 宋乃莲：《浅谈来华留学生教育管理》，载《中国高教研究》，2000(09)，44－45页。
③ 金春花：《提高外国留学生管理工作水平的新尝试》，载《中国高教研究》，1997(05)，81－83页。
④ 国务院：《外国留学生管理办法》，国发[1985]121号。
⑤ 谢怀珠，董京生：《加强对外国留学生的教育管理工作》，载《高等教育研究》，1990(04)，71－73页。

绪,顺利进行教学工作的重要一环"。①

针对"如何做好留学生思想教育工作"的问题,宋乃莲提出了独到的见解:"做好这项工作的一条重要途径,就是要努力发掘学生自身管理的积极性,重视和发挥留学生骨干的积极作用。积极大胆依靠留学生骨干,是做好留学生思想教育不可忽视的一支生力军,并且往往能够达到事半功倍的效果。"②

由于国内外学生"所在国的社会制度、生长的经济社会环境、生活习惯、思维方式、待人处事、风俗习惯、宗教信仰、道德追求截然不同",在实际的管理实践中,管理者既要尊重其风俗习惯和宗教信仰,又要教育甚至限制其不参与对我国社会制度和道德以及教学活动的不利行为。这就要求在教育方式方法上,留学生事务管理者应该看到这一工作的特殊性,有针对性地进行管理。这种管理方式,实际上已经是"跨文化管理"理念在实践领域的体现,并逐步成为留学生事务管理研究领域另一个新的理论阵地,只是在这一时期,尚未得到系统化的提炼。

(3)对来华留学生突发事件及其他方面的研究

随着高校突发事件的出现,高校留学生群体中也不乏此类现象的发生,与此相应,关于留学生突发事件的预防与处理的新作也频现报端。

2006年,谢新从"文化差异的具体表现"、"文化差异与留学生突发事件的关系"、"关注与疏导文化差异"等方面提出了预防与应对留学生突发事件的重要性、必要性与具体措施。③这是留学生事务管理与时俱进的新突破,摒弃了单单从学术的角度进行理论探讨的弊端,逐步将对留学生的管理注入了更多的人文关怀气息,研究视野逐步拓宽,研究领域不断拓展,实现了从对刚性制度的关注过渡到对柔性人文关怀的注重上来,留学生事务管理的研究至此进入了快速发展阶段。

除此之外,《浅析外国留学生校外住宿的管理》(李盛伍,《公安大学学报》,1995年04期)、《高等学校留学生教育管理质量评估体系初探》(夏敏,《中国高教研究》,1997年06期)、《留学生管理信息系统的开发与应用》(马丽,韩树郁,《哈尔滨理工大学学报》,1999年04期)、《基于NET技术的外国留学生管理信息系统的开发与设计》(朱萍,《中国科技信息》,2005年19期)、《高校留学生经费管理现状与对策》(关力群,《黑龙江高教研究》,2005年09期)、《做好留学生档案管理,促进留学生教育发展》(黄廷义,《兰台世界》,2007年09期)、《高校外国留学生管理

---

① 崔永日,崔享龙,金永灿:《浅谈来华留学生教育管理中的思想教育》,载《中国高教研究》,1998(06),66—67页。
② 宋乃莲:《浅谈来华留学生教育管理》,载《中国高教研究》,2000(09),44—45页。
③ 谢新:《文化差异与留学生突发事件的预防及管理》,载《中国高等教育》,2006(05),1—2页。

工作评估指标体系的建构》(孙璐，北京体育大学，2009年硕士论文)等成果则分别从技术层面对高校来华留学生住宿等日常生活管理、教育质量评估、信息系统的开发应用、留学生档案及经费管理、留学生管理工作的评估指标体系等方面做了较为详细的探索，并提出了许多具有建设性的意见。这些研究对于管理者从多层次多方面把握来华留学生的特点，进一步完善管理体制、推动管理水平的提升提供了专业的技术支持。

1.3.4 国内外留学生事务管理的比较研究

随着中国留学生教育国际化水平的不断提高，国外学生事务管理理念在国内学界的影响不断深入，学者们开始关注留学生管理与世界的接轨，不断学习与借鉴国(境)外著名高校留学生事务管理的先进经验，蔡国春著的《中美高校学生事务管理模式比较研究》(中国海洋大学出版社，2007)，冯刚、赵锋主编的《走进英国高校学生事务管理》(中国人民大学出版社，2007)，张晓京主编的《美国高校学生事务管理——基于八所大学的个案研究》(中国传媒大学出版社，2010)分别从美国、英国著名高校学生事务管理的历史、现状、理念、模式、方法等方面进行了比较研究，为国内留学生事务管理的探讨提供了重要的借鉴。

张小明最早介绍了独具特色的英国留学生教育管理体制，特别详细介绍了针对东方学生由于文化隔膜而产生的心理障碍的消除工作的具体做法：为申请就读的学生提供个别指导，让他们事先对课程、学校状况等英国生活有所了解，以提高对英国文化的适应能力，增强其学术满足感，学校发给就读者的有关文件，甚至还包括住宿、气候、衣着、生活费、奖学金方面的建议。对于英国针对留学生的灵活的学位制度和教学方式也在文章中有所体现，这些都成为我国在提高新生入学指导和教学工作方面的经验来源。①

张铮则分别从成因与利弊方面对中国留学生事务管理强调"特殊照顾"与美国留学生事务管理倾向"同一管理"进行了对比研究。他认为，生活上的"特殊照顾"，在特定历史条件下曾经起到过积极的作用。但是，随着我国内政外交政策的发展与留学生规模的扩大，"特殊照顾"的做法使得本国学生与来华留学生隔离开来，减少了留学生感受、接触中国文化的机会。特别是住宿与教学方面，虽然使留学生倍感温暖，但是极易导致"贵族化"的优越感，造成与中国学生之间的冲突，增加学校的工

---

① 张小明：《英国留学生教育管理透析》，载《江苏高教》，1997(02)，88—90页。

作负担和压力，形成管理混乱与资源浪费，从而对传统的管理模式提出了挑战。而美国的"同一管理"虽有助于培养留学生学习、生活、工作独立自主能力，但是由于忽视了留学生因地域、民族、文化、风俗、意识形态、思维方式差异而产生的不适应，从而也会引发种种问题。张铮据此对留学生事务管理提出了对策性的建议，"适应新的形势发展需要，我国留学生管理工作既不能搞'特殊照顾'，也不能一味照搬美国式的'同一管理'，应立足我国国情，从我国留学生教育管理的实际出发，依照国际标准为留学生创造出更具国际竞争力和充满中国'人情味'的温暖的学习环境。"①

1.3.5 跨文化管理的研究

规范的跨文化管理研究及跨文化管理作为一门学科知识体系是20世纪70年代后期在西方逐步形成和发展起来的。跨文化管理的兴起与第二次世界大战后受单一美式管理理念引导的美国跨国公司经营屡屡受挫败有关。

20世纪70年代之前，美国管理学界一直认为，是他们将现代管理理论进行了系统化的整理、总结和提炼，是他们将这些管理思想应用于组织管理实践并实现了企业劳动生产率的大幅提升。多数美国管理学者认为，他们的管理理论与管理实践具有普适性。然而，这一观念不久就因第二次世界大战后美国公司跨国经营过程中将美国本土的所谓普适性的管理论与方法照搬到其他不同文化背景下的国家遭遇众多的失败而受到质疑。美国跨国公司的屡屡挫败震惊了美国的管理学者，他们中的很多人注意到，是那种唯我独尊的美国管理观念造成了这些困境。②坎特(R. M. Kanter)曾经断言："对公司十分重要的全球性思维不仅仅是国际经营，重要的不是建立一种复杂组织结构，而是在经理人员的头脑中，树立一种全新的观念和思维模式。"③后来的许多美国与其他国家的学者通过系统规范的实证研究和案例调查发现，对异国文化差异反应迟钝、缺乏文化背景知识、观念陈旧是导致美国跨国公司在新文化情境中失败的主要原因。

来自经济领域的案例为高校留学生事务的管理带来了一定的启示：在世界高等教育交流与合作空前活跃的高等教育国际化时代，对留学生事务的跨文化管理，成

---

① 张铮：《试论留学生管理的"特殊照顾"与"同一管理"——中美高校留学生管理之比较》，载《经济与社会发展》，2010(03)，89—91页。
② 郑兴山：《跨文化管理》，11页，北京，中国人民大学出版社，2010。
③ [美]南希·阿德勒：《国际组织行为学》，8页，北京，北京大学出版社，2004。

为学生事务管理领域不可回避的问题。留学生事务管理者只有在了解不同文化背景个体的价值观、信念和行为方式的基础上，才能够更加尊重与理解管理对象，避免管理过程中不必要的矛盾和冲突。

截至 2013 年 3 月，CNKI 上查询到的关于"留学生事务跨文化管理"为主题的所有 7 篇文章中，作者分别从跨文化管理的原因、必要性、基本措施、现实意义等方面对留学生事务的管理进行了探讨，得到的结论也主要集中现在如下方面：

首先，对来华留学生进行跨文化管理是基于文化差异性的客观存在和逐步消除存在于留学生群体的文化冲突的需要所致；其次，来华留学生事务领域的跨文化管理有赖于加强留学生事务管理人员的跨文化交际和沟通能力、丰富留学生群体校园文化生活、利用现代信息技术和沟通网络搭建师生之间、国内外学生间的信息交流与资源共享；再次，也有研究者提出，"高校必须首先完善管理机构和管理制度，在管理效率和管理方式上建立信息反馈制，以便及时发现管理中存在的问题，及时调整失误和不足。当留学生达到一定规模时，可单独设置留学生管理机构，建立跨文化管理的评估体系"[1]。

1.4 现有研究的局限与不足

总体而言，关于来华留学生事务管理的学术成果分别在不同的历史时期、从不同的角度出发，探讨了留学生事务管理的基础理论及管理实践中出现的各种现实问题与对策，对于建立具备中国特色的来华留学生事务跨文化管理体系，进一步完善科学的管理体制与方法，提高专业化与科学化水平提供了重要的借鉴。借助"跨文化"管理的基本理论对留学生事务管理进行实证性研究尚处于起步阶段。

但需要指出的是，囿于时代背景、社会环境、政策支持等诸方面因素，学界对留学生事务的关注还有待提升，系统研究也有待深入，对策性措施的探讨还存在上升的空间，研究中尚存在着诸如经验化、局部化、零散化等不足，尤其是尚未有较为深入的实证性研究是紧密结合"跨文化"的基本理论对来华留学生事务的具体管理过程而展开的，这不能不说是学生事务管理领域的一种缺失。造成这种研究状况产生的原因是多方面的，但其中一个重要的原因在于目前的研究是在缺乏严整的理论框架的情况下展开的。严整、科学的理论框架的设定，是科学研究获取整体视野、

---

[1] 伊莉曼·艾孜买提：《中亚来华留学生的跨文化管理模式初探》，载《新疆社会科学》，2012(05)，74—77 页。

遵从严密的逻辑层次而一步一步走向深化的基本条件。由于缺乏严整的理论框架，人们不能准确地把握来华留学生事务跨文化管理研究的逻辑起点，不能全面地把握来华留学生事务跨文化管理研究应该涉及的、不可或缺的基本方面，而只能以局部的视角、从既有的经验出发，对来华留学生事务管理问题进行探讨。当然，局部的、个别化的研究也是来华留学生事务管理研究所需要的，某种意义上，进入局部的、个别化的探讨还往往是研究深化的标志。但是，局部的、个别化研究也只有确立于对来华留学生事务跨文化管理整体把握的基础之上，才可能更为深刻、精确；也只有经过了整体的、宏观的观照和探讨而达到的局部的、个别的研究，才能真正标志研究的深化，否则，它只能是研究的初始阶段。

来华留学生事务管理问题的研究要想得到全面深化，必须站在"跨文化"的理论高度，对管理的各个步骤、各个环节加以综合考量，并且能够针对提高留学生事务跨文化管理的实际问题，挖掘其深层的社会原因，提出更好、更具操作性的整体性模式与措施。从这个层面上看，严整、科学的理论框架的提出与科学规范的管理体制机制的构建至关重要。而这一框架确立的前提就在于对相应论题核心范畴及论域构成诸方面的准确、全面的把握。这恰恰是需要我们进一步深入研究的论题。

1.5 研究的理论基础

对多元文化背景下跨文化管理的理解，我们可以从国外多元文化教育的发展历程中得到一些启示。兴起于 20 世纪六七十年代的西方国家民族的多元文化教育是一个相当广泛的概念，它包括教育信念、教育政策和实践。多元文化教育的根本目的是进行旨在改变整个教育环境的教育改革运动，以达到使来自不同人种、民族、社会集团和群体的学生都能够享有教育平等和学术均等的目的。今天，多元文化教育的任务更是提到了一个新的高度：帮助提高普通教育的全面质量。多元文化教育必须使年轻人对他们所生活的世界具有这样一种认识，即他们在保存对本民族和文化认同的自豪感的同时，也发展他们对周围世界的深刻认识和了解，使他们具有充分参与社会生活的自信。多元文化教育不仅是单一的某种计划，一项课程的研究，或是对不同文化的理解和接受。多元文化教育是一个连续的、动态的过程，具有综合性、多方面性，对变化的环境具有巨大的适应性。撇开西方国家种族复兴运动方面的内容，单考察其中不同文化之间相互适应和满足不同文化的情感和认知的需要这方面的内容来说，西方多元文化教育的发展对我们今天的高等教育面临国际化的现实条件下如何实现来华留学生事务的跨文化管理还是有一定的借鉴意义的。

高等教育的国际化、文化的多元化要求留学生事务管理具备跨文化的特点。

通常意义上，高等教育的国际化是指跨国界、跨民族、跨文化的高等教育交流与合作，是一国高等教育面向国际发展的趋势和过程。同时也是把国际的、跨文化的观念和氛围与高校教学、科研、社会服务及学生事务管理等诸项功能相融合的过程。这有多方面的表现：在培养目标方面考虑国际需求；培养方式上直接与国外高校建立各种合作关系；在管理理念与实践上逐步借鉴国外高校的先进经验和有益做法。高等教育的国际化发展趋势成为我国高校来华留学生事务实现跨文化管理的内在驱动因素。

为了适应高等教育国际化的趋势，我国在与发达国家高等学校的交流与竞争中，来华留学生事务的管理将逐渐步入国际化轨道，管理理念、管理体制、管理方式、管理水平的评价也都日益受到国际化标准的衡量与影响。在当前高校中，多元文化日益成为大学校园文化的一种基本特征，多元文化的交互改变了以往追求绝对一致与统一的封闭性的特殊化管理理念与模式，对高校来华留学生事务管理的弹性和开放性提出了新的要求，同时也包含了留学生群体对多元化环境中学习与生活适应方面的诉求。这就要求留学生事务管理者用世界眼光、战略思维审视以往的管理思路、管理格局，不断寻求不同学科知识、不同思维方式、不同工作方法的共振与整合，实现管理理念的跨文化、管理模式的科学化、管理队伍的专业化。

跨文化管理是国际化发展趋势下的一种必然的管理理念，跨文化管理的目的是为大学营造一种更和谐、更具有多元文化色彩的、更体现人性化的、新的校园文化及教学和学习环境。跨文化管理的过程就是融合不同的文化，并在文化融合的前提下进行文化创新，并由此形成一种新型文化的过程。而这种新型的文化能被高校里的中外各民族的教师、学者、学生广泛接受，且通过他们将中国高校的办学思想、教育理念及价值观体现并传播出去，这才是在真正意义上实现了跨文化管理。

国外跨文化教育系统的理论研究和丰富的实践经验是来华留学生事务跨文化管理的重要参照。欧美国家的各界学者对跨文化教育问题进行了大量的调查和研究，并从不同的立场、目的和学科角度提出各自的观点和主张，形成了众多的理论流派，如文化变迁论、文化同化论、文化融合论、跨文化适应论、跨文化交流论、跨文化理解教育、多元文化论与多元文化教育等。时至今日，跨文化教育研究已从美国、英国、法国、德国扩展到加拿大、澳大利亚、日本等诸多国家。跨文化教育研究在美国影响最为广泛和深刻，美国还专门成立了"美国国际与跨文化教育理事会（American Council on International Intercultural Education）"。与此同时跨文化教育已经形成丰富的实践经验。在很多跨国公司中，跨文化培训逐渐成为人力资源开发的重要措施，特别是对外派经理人员的岗前培训。跨文化的理念与方法在西方国家已经普遍开展，研究者们从课程、教材、教学方法、学校管理、教师培训、信息交流、国际合作等各个方面进行了探索，形成了较为丰富的实践经验，为跨文化管理的理论和实践研究提供了有价值的探索。不过，在理论和实践都有了长足发展的同时，由于英美等国的跨文化教育并不强调对外来文化的吸取，不强调对外来文化的开放、宽容的心态，跨文化教育没有真正为全社会带来多元文化的和谐。西方国家的跨文化教育依然任重道远。我国高校在留学生事务管理实践中恰恰要从这一点着手，在跨文化"多元主义"的理论背景基础上，坚持多元文化主义的基本预设——"人类社会中的各种族、各民族、各群体迥异不同，但本质上大家只是存在差异，无优劣之分，孰优孰劣乃仁者见仁，智者见智"，并在此前提下积极进行跨文化的教育探索。

(1) 吉尔特·霍夫斯泰德(Geert Hofstede)的文化维度差异理论

荷兰管理学家吉尔特·霍夫斯泰德从20世纪70年代用20种语言从态度和价值观方面，调查了IBM公司在50个国家的下属包括从工人到博士和高层管理人员在内的近16万名管理者，并在对116000份调查问卷进行分析的基础上，发现了不同民族和国家的文化差异性，概括了与工作相关的文化价值观的四个方面的内容，它们分别是权力距离、不确定性规避、个人主义与集体主义、价值观的男性化维度与女性化维度。这一成果集中体现在其1980年出版的《文化的效应》一书中。20世纪80年代后期，在加入了更多国家和地区作为研究对象，并深化前期研究的基础上，霍夫斯泰德不仅证实了上述四个维度的存在，还发现了一个新的维度，即"长期导向/短期导向"，关于文化维度的基本理论在其1991年发表的第二部著作《文化与组织》一书中有了更为详细的阐释。

①个体主义(Individualism)与集体主义(Collectivism)被霍夫斯泰德定义为"人们关心群体成员和群体目标(集体主义)或者自己和个人目标的程度(个体主义)"。这是判断社会个体间联系程度是否紧密的指标。

在欧美崇尚个体主义的国家，人们关心自己和家人胜过关心他人。人们重视个体的成绩和表现，也重视个体的权利。因此组织中的个体积极性非常重要，管理过程往往围绕满足个体的偏好和选择；而在中国、韩国、墨西哥、日本等崇尚集体主义的国家，组织成员对组织具有精神上的义务和忠诚。人们往往更重视群体的整体利益，期望人们的个体利益服从集体利益，管理中更加强调对团队的绩效评估，决策时也强调集体决策的方式。

管理决策方式在这一文化层面上所呈现的差异表现为：

一般说来，在集体主义倾向的组织，管理者在决策时常鼓励成员积极参与决策，决策达成时间较长，但执行和贯彻决策迅速，因为几乎每个成员都参与了决策过程、明白决策的目的和内容。而个人主义倾向强烈的组织管理者，常常自己独立决策。决策迅速但执行贯彻时间较长，因为他们不得不用更多的时间向组织成员来"推销"自己的决策目的、内容等。

我国的高等教育是以公办为主体，教育取向上强调社会价值，学校按照国家的要求目标来培养学生，对学生的管理往往制定严格的制度。从这个角度看，来自欧美等高度个人主义国家的留学生，他们的教育注重体现个人价值，认为学生在行为上有自己的自由，对道德标准、是非好坏、有自己判断、选择的权利，他们对学生的管理，主要强调学术上的严肃认真，生活上的灵活开放，主要是创造一种环境，引导学生的正当动机，并提倡学生在这种环境的熏陶下，通过自身的不断切身体验与训练而养成良好的道德习惯。在日常生活中，更加重视隐私和自主权，他们在与人交流时不太注意事情发生的环境和背景，而是更加强调个人的主动性和成就。留学生群体带来的固有教育背景的影响，促使我们不得不对现行的教育理念与教育模式进行深刻的反思与调整，以适应多元文化背景下的来华留学生教育与管理。

②权力距离(Power Distance)在霍夫斯泰德的研究中被认为是"一个国家、民族或组织中人们对权力分配不平等这一事实的接受程度"。在强调公平与平等的社会里，社会与其成员的权力距离小，反之权力距离大。权力距离大的文化中组织层级鲜明，"金字塔"比较陡峭，例如日本、韩国的公司或组织。而权力距离小的社会中，组织结构比较扁平，人们之间更加注重平等，喜欢与领导之间的平等沟通，更多的人参与决策。

权力距离在组织管理中常常与集权程度、领导和决策联系在一起。在一个高权力差距的组织中，下属常常趋于依赖其领导人，在这种情况下，管理者常常采取集权化决策方式，管理者做决策，下属接受并执行。而在低权力差距的组织中，管理者与下属之间，只保持一个较低程度的权力差距，下属则广泛参与影响他们工作行为的决策。

从这一点来看，中国的教育更注重以教师为中心，中国学生对老师更尊敬，对其个人知识更为看重。在传统的价值观念中，强调尊师重教，认为"严师出高徒"、"一日为师，终生父母"。在学校教育与管理中，作为老师，对学生要求越严格，意味着对学生的关爱程度越深，而且，这种严格管教不仅仅要体现在学习上，在生活方面也要加以约束。然而，在留学生们既有的文化传统与价值观中，他们把老师看作是平等的个体或群体，教师仅仅是传播知识的人，他们更多的是把留学生事务管理者的管理工作看作是为他们提供的服务。在此意义上，这种服务应该是充满人文气息的呵护与关怀，而不是把法令制度当教条的命令与支配。在这个过程中，留学生事务管理者与留学生在地位上应该是对等的。如果管理者的态度不好就会被视作不负责任，被认为是因为个人原因影响到工作，是与西方社会"公私分明"的价值观念相悖离的。

③不确定性规避(Uncertainty Avoidance)是指一种文化中的成员对不确定或不了解的情感感觉到威胁的程度，体现一个社会的价值取向。在低不确定性规避文化中，人们往往敢于冒险和承担风险并对未来充满信心；而在高不确定性规避的文化中，人们往往持相反的态度和看法。留学生来源地区和文化背景的多样性决定了其具备不同的"不确定性规避"的特征。例如，来自像希腊这样不确定性规避强的国家的留学生，不赞成冒险并喜欢在同一组织中停留很长时间；相反，来自像美国这样不确定性规避弱的国家的留学生，他们更喜欢自由，流动性更大，几乎每一个人都会有一种强烈的竞争压力，更加乐于各种创新。

不确定性规避倾向影响一个组织使其活动结构化需要的程度，也就是影响到一个组织对风险的态度。在一个高不确定性规避的组织中，组织就越趋向建立更多的工作条例、流程或规范以应付不确定性，管理也相对是以工作和任务指向为主，管理者决策多为程序化决策。在一个弱不确定性规避的组织中，很少强调控制，工作条例和流程规范化和标准化程度较低。

在留学生群体中，喜欢规避不确定性的人很难接受不确定的事情。和中国学生相比，留学生更需要明确地知道信息和很强的条理性，缺乏清晰和条理时会感到焦虑，尤其是当他们在适应一种新的文化和环境时，这种需求就会尤为明显。来自希腊、比利时、日本的留学生常常具有较强的不确定性规避倾向，这使得他们在学习和生活中体现出一丝不苟、有条不紊的状态和目标性、计划性特征。

④价值观的男性维度(Masculinity)与女性维度(Femininity)也被称为事业成功导向/生活质量导向。它是指人们强调自信、竞争、物质主义(男性导向)还是强调人际关系和他人利益(女性导向)的程度。像奥地利这样男性化的社会赋予男性很高的地位，重视收入、认可、升迁、挑战，因而成就、金钱、自信和竞争的"坚强"价值观占据主导地位；而芬兰这样女性化的社会，人们注重人际关系、关心他人、生活质量和服务等，合作、友好的"温柔"价值观成为社会的主导。

文化的价值观中，男性维度与女性维度在不同程度上影响到管理者的决策方式。尽管这一因素对留学生事务跨文化管理过程的影响并不十分显著，理解并认识到留学生群体在文化价值观上存在这样的差异也仍然是留学生事务管理者在管理实践中应该具备的基本素质。

⑤长期导向(Long-term Orientation)与短期导向(Short-term Orientation)。这一维度是指一种文化对传统的重视程度。长期导向的文化关注未来,重视节俭和毅力,这种文化的社会中人们往往考虑当前的行为对以后造成的影响,注重逐渐的进步和长期目标,因而在尊重传统、履行社会义务方面更为突出。短期导向的国家和社会中,组织或企业更加看重短期的收效和成果。

表 1-3 霍夫斯泰德的国家(民族)文化模型①

国家/地区	个人主义/集体主义	权力距离	不确定规避	男性化导向/女性化导向	长期导向/短期导向
英语地区					
澳大利亚	98	25	32	72	48
加拿大	93	28	24	57	19
英国	96	21	12	84	27
美国	100	30	21	74	35
阿拉伯语地区					
阿拉伯国家	52	89	51	58	—
远东地区					
中国大陆	39	89	44	54	100
中国香港	32	73	8	67	96
中国台湾	19	46	53	41	92
新加坡	26	77	2	49	69
日耳曼语地区					
奥地利	68	2	56	98	—
德国	74	21	47	84	48
瑞士	75	17	40	93	—
拉丁美洲					
阿根廷	59	35	78	63	—
哥伦比亚	9	70	64	80	—
墨西哥	42	92	68	91	—

---

① 范徵:《跨文化管理:全球化与地方化的平衡》,187-188 页,上海,上海外语教育出版社,2004。

续表

国家/地区	个人主义/集体主义	权力距离	不确定规避	男性化导向/女性化导向	长期导向/短期导向
委内瑞拉	8	92	61	96	—
西欧					
比利时	87	64	92	60	—
法国	82	73	78	35	—
意大利	89	38	58	93	—
西班牙	64	43	78	31	—
北欧					
丹麦	85	6	6	8	—
芬兰	70	15	42	13	—
挪威	77	12	30	4	—
瑞典	82	12	8	2	58
地中海地区					
希腊	45	50	100	67	—
其他地区					
巴西	52	75	61	51	81
印度	62	82	17	63	71
以色列	66	4	66	47	—
日本	55	32	89	100	80

注：表中各项指标满分为100，分数越高，说明其该项特征越明显。

(2)多元文化发展理论

当今的高等院校中，学生群体的文化背景呈现出越来越明显的多样性，尤其体现在留学生群体中。多元文化内在的不同观点、文化、价值观与思考方式带来了一系列的挑战与矛盾，这是高等教育机构不得不面对的问题。这就要求留学生事务工作者需要具备融合多元文化的能力，能够在有效调和这些冲突方面发挥作用，在多元文化主义的融合过程中起到向导作用，每个留学生事务管理工作者都必须掌握与多元文化群体工作相关的知识、能力与意识。

大多数的研究表明，多元文化的校园环境有助于学生的学习，高等学校也有责任创造这样的氛围，创造良好环境，发展多元文化教育，满足多元文化学生的群体需求——"与拥有不同文化背景的同学、教师一起学习工作的学生学得更多，人际交往能力更强，更有自信。他们较少有不理性的歧视，能够更深入地进行思考，更多地参与社会、社区的服务活动。"[1]

在学生事务工作领域，"多元文化发展模型"(MCOD)可以为实践工作提供一定的理论支撑和指导。这一源自对商界组织发展(OD)研究的模型，把高等教育的组织发展分为不同的阶段，并且对不同阶段的文化发展特征进行了描述。这一模型基于以下假设：首先，MCOD作用包括学生事务管理部门在内的整个教育机构，是全面系统的；其次，不仅仅关注校园中显而易见的多样性问题，而从根本上实现关注并实现所有成员(学生、员工、教师、管理者)的多元文化发展；最后，完成MCOD的机构，必须致力于消除所有文化中心主义的压迫，提供多元文化的环境和氛围。

表 1-4　高等教育多元文化组织发展阶段表[2]

阶段	一	二	三	四
类型	单一文化的校园	包容其他文化的校园	转变中的校园	转变完成的校园
特征	文化单一，中国传统文化核心	政策改变，接纳异质文化	有限的多元文化	全面的文化多元化
主要行为标志 1	没有任何有关多样性的承诺	有致力于多样性的承诺，但并未执行	有致力于多样性的承诺，并能相对一致地执行	有致力于多样性的承诺，并能完全一致地执行
主要行为标志 2	机构领导层不具多样性	开始在某些部门雇佣来自不同文化的代表	有来自不同文化的代表	在各个部门均有来自不同文化群体的代表
主要行为标志 3	没有对于多样性的倡导	在某些部门有对于多样性的倡导，但没有行动措施	存在融合多元文化校园环境的呼吁	积极倡导融合多元文化
主要行为标志 4	政策不涉及多样性	政策开始考虑多样性	明确表明致力于多样性建设并涉及多元文化调整	内容广泛，明确表明致力于多样性及多元文化建设

---

[1] [美]苏姗·R·考米斯，达德利·B·伍达特等著，本书译委会译：《学生服务：高校学生事务服务手册》，344页，北京，中国青年出版社，2008。

[2] [美]苏姗·R·考米斯，达德利·B·伍达特等著，本书译委会译：《学生服务：高校学生事务服务手册》，348页，北京，中国青年出版社，2008。

续表

	阶段	一	二	三	四
主要行为标志	5	招聘不涉及多样性	表现出对于不同文化背景人员的需求	调整人员结构,努力招聘来自不同文化背景的人员,反映其致力于多样性的承诺	在人员结构与招聘方面,均反映其致力于多样性的承诺
	6	没有关于多元文化能力的培训提供给校园中不同的文化群体	多元文化能力培训有时开展	多元文化能力培训为特定群体开展	多元文化能力培训自动开展
	7	没有对多元文化能力的期望	可能有对于特定群体多元文化能力的期望	对大多数领域有多元文化能力的要求	对所有的员工都有多元文化能力的要求
	8	学术活动不涉及多元文化的问题	学术活动可能关注多元文化问题	学术活动关注多元文化问题且得到校方支持	研究多元文化问题的学术活动得到校方的财政支持
	9	校园服务、组织不涉及文化多样性	校园服务、组织可能涉及文化多样性的某些方面	校园服务、组织强调满足不同人群需求的重要性	校园服务、组织强调必须为不同人群服务
	10	校园环境的设计没有考虑到文化多样性的需求	校园环境的设计吸引一些拥有不同文化背景的群体	校园环境的设计反映了对不同文化群体的理解	课程中融入多元化问题,并且研究文化多样性的方方面面。校园环境反映出对于不同文化背景群体的认知与理解
	11	评估时不考虑多元文化	评估时涉及多元文化主义的某部分	评估时评价是否有阻止多元文化主义的障碍	经常评估多元文化变革的有效性

当代高等教育的发展,呈现出许多新的教育理念和教育思想。具备代表性的如:塑造新型师生关系的合作教育思潮、形成优质组织模式的学习型组织理论、成

为学校管理国际趋势的校本管理等。在其背后蕴含了后现代主义教育思想的鲜明特征：强调多元、崇尚差异、主张开放、重视平等、推崇创造、否定等级、去掉中心和必然。这种特征与今天高等教育国际化的社会环境特征、与教育对象的身心特征是相吻合的。这种毫不留情地向传统教育管理方法论原则的唯一性和普遍性提出挑战、与僵化凝固的刻板管理方式彻底诀别的思路，为我们进一步研讨来华留学生事务管理变革开辟了新的方向，提供了新的视角。

"以人为本"的发展观要求我们在来华留学生事务管理的过程中，将"以学校组织为中心"的旧体系变革为"以学生发展为中心"的新体系，解决管理理念、管理模式、管理组织、管理环境与管理对象发展不适应的问题，将教育人、引导人与关心人、帮助人融为一体；既积极借鉴国内外高等教育的前沿成果和管理科学的发展成果，又从我国国情实际出发，将原来刚性的留学生事务管理，变革为人本管理的新机制，解决管理要求与学生需求、管理导向与学生取向、管理队伍与管理使命不相吻合的问题，立足组织变革的大视野和组织行为学的新视角，辅以思想政治教育学的新维度，以高校来华留学生事务管理的有效变革和模式创新，构建起符合时代特征、高校特色和留学生特点的高校来华留学生事务跨文化管理的新框架。

（3）跨文化趋同管理

"跨文化"是一种跨越不同行为规范、价值观、隐含信念和基本假设的现象和过程，是凸显文化差异的过程，是不同行为规范、价值观、隐含信念和基本假设交融碰撞的动态过程。[①]

趋同管理，前提是存在不同文化的交锋与碰撞，其背景是留学生具备的文化多样性与多元化特征。"趋同"，不是无视文化差异性的简单同一性管理，而是要在管理中实现不同文化间的相互影响、相互适应的过程。在跨文化的趋同管理制度下，留学生的不同文化背景被承认和被尊重，学生具备同等的机会了解和学习与自己不同的文化，使自己置身于多文化的学习环境中，不仅具有平等的学习机会，也具有平等的被评价的机会。趋同管理强调对留学生与中国学生"学生"身份的同等对待。这里的平等是指后现代主义所主张的"异质"的平等，即"摒弃一切歧视，接受和接收一切差异"，[②]用不同的标准去要求和评价不同的对象。这就启示我们在管理过程中要倾听不同的声音，抓好深层次管理而不仅仅浮于表面，要建立、健全、完善一整套科学、规范、完整的规章制度，从以直接管理为主转变为以宏观导向管理为

[①] 郑兴山：《跨文化管理》，9页，北京，中国人民大学出版社，2010。
[②] [美]安德烈亚斯·胡伊森，张一兵，周韵译：《大分野之后：现代主义、大众文化、后现代主义》，236页，南京，南京大学出版社，2010。

主，从以管理者管束为主转变为学生参与管理为主，从被动式强迫式管理转变为主动式民主式管理。

跨文化趋同管理目的是在不同形态的文化氛围中构建有效的组织结构和管理机制，寻找并实现超越文化冲突的目标。留学生群体的文化差异恰恰成为跨文化管理的基本前提。后现代主义主张"尊重差异性、尊重多元性，提倡珍视人的差异性与独特性"[①]的观点也启示我们，每一位来华留学生都是独特的个体，带有其所在国社会背景与传统文化的特质，其差异性是必然存在的。因此，留学生事务管理方式也需要打破以往管理的刚性统一与利益格局，实行分层级的、跨文化的、契约性的分层管理。

1.6 研究思路与方法

本文通过对我国高校来华留学生教育管理事业近七十年历史的回顾，分析了留学生事务传统特殊化管理模式的状况及形成原因，通过调查研究、访谈等方式，分析了留学生需求的多元化现状及其与传统管理模式之间的矛盾，看到了留学生事务管理理念与实践的变革需求。在此基础上，用比较研究的方法，对国(境)外高校留学生事务管理的实践进行分析，依据管理学"跨文化"的理论，设计出一套切合时代背景与留学生实际的科学、可行的留学生事务管理系统。在这个系统中，"跨文化"的理念贯穿管理的各个环节和过程，"以人为本"的人文关怀得到突出和彰显。

在这一体系中，留学生事务管理机构的设置相对独立，权责清晰，留学生事务管理者与留学生之间的关系不再是生硬的管理者与被管理者、绝对的命令者与无条件的服从者，而是一种建立在相互尊重、相互信任基础上的多元化互动的关系。在这样的互动中，管理者扮演一种新的引导者与服务者的角色，在帮助留学生克服各种文化障碍的基础上，使得留学生多元化的发展需求在体系中得到充分满足与实现。

通常情况下，我们对来华留学生事务跨文化管理活动的认知与评判，其最初的感知点及最终的评判对象，不是留学生事务管理实践活动的其他方面，而是其结果。因而，来华留学生事务管理问题的研究，自然应该包括来华留学生事务跨文化管理结果的研究。

---

① [英]巴特勒，朱刚，秦海花译：《斑斓阅读·解读后现代主义》，198页，北京，外语教学与研究出版社，2010。

但是，如果我们对于该问题的研究仅仅停留在对实践活动结果是否达到了阶段性目标要求的分析上，那么，我们充其量只能辨识结果、享用结果，而不可能优化结果、提高结果，从而实现我们进行跨文化管理研究的最终目的。因此，在对来华留学生事务跨文化管理问题的研究中，我们还必须在对管理结果的静态分析基础上深入挖掘导致这一结果形成的动态的来华留学生事务管理的活动过程，理清具体活动过程与相应结果之间的内在关联，探讨对于相应来华留学生事务管理结果而言，能够有效实现这一结果的来华留学生事务管理过程应该遵循的种种规定。"当我们从相对静态的活动结果追溯到活动的动态过程时，如果试图像评价活动结果的合目的性那样去审视人的活动过程与其目的之间的关系，那么依据同样的逻辑，与活动结果相对应的应该是活动过程。"[1]对跨文化管理活动过程的研究，便构成来华留学生事务管理研究的又一重要组成部分。

在对来华留学生事务管理活动过程的分析中，我们还可以发现，构成管理活动的多种要素客观上制约、影响着整个管理过程的有效展开。任何过程都不是脱离要素的抽象存在。二者之间的这种不可剥离的关系，决定了对相关要素进行探讨在对来华留学生事务跨文化管理研究中的重要地位。

总之，跨文化管理的结果，跨文化管理的过程，跨文化管理的相关要素，构成了来华留学生事务跨文化管理研究的三个基本方面。在三者中间，对要素的跨文化分析对于管理过程及结果的实现具有前提意义、条件意义；而对过程的跨文化管理是来华留学生事务跨文化管理问题研究的中心环节，也是连接要素和结果的中介；跨文化管理的结果是否实现了预期目标，是我们判断整个来华留学生事务管理活动是否达到了合规律性与合目的性相统一的基本依据。

综上，以"跨文化"这一核心概念为逻辑起点，对来华留学生事务管理要素、过程、结果进行跨文化的整体性把握，构成了对这一问题研究的基本理论框架，是我们探索来华留学生事务跨文化管理实现的基本规律的基础，也是我们探讨形成具备中国特色来华留学生事务跨文化管理模式的原理性依据。

跨文化管理理论的广泛运用为我们的研究提供了强大的理论支持，该理论在留学生事务管理领域的引入，特别是"人文关怀"理念的渗入，使得管理过程不再僵硬，而是变得充满人文气息，更加注重人的需求与发展。

系统论的观点为来华留学生事务跨文化管理的系统设计提供了相应的理论基础；管理学中决策、组织、控制、反馈的基本管理职能是来华留学生事务跨文化管

---

[1] 郭湛：《人活动的效率》，35页，北京，人民出版社，1990。

理组织系统职能确定的理论参考。

在研究方法上,本书主要运用文献研究、调查问卷、深入访谈、参与观察、个案研究等方法进行研究。

本书对留学生教育管理近七十年来发展过程中不同历史阶段的统计数据和档案资料进行了详细的查阅,以教育部《中国教育年鉴》的留学生统计数据和李滔编著的《中国留学教育史录》(1949年以后)为主要参考,分别对来华留学生教育管理从历史、数据、政策等方面进行了汇总和分析,使得论文呈现出资料翔实、数据真实可靠的特点。

为了深入全面地了解来华留学生事务管理工作,笔者在北京科技大学国际交流与合作处进行了长达半年的管理实践,在深入留学生事务管理一线工作的过程中,笔者通过实地考察、电话访问、国际会议考察与参访、日常邮件交流等多种方式,分别访问了一些国内外高校的学生事务管理专家和理论研究者,从而获得了很多宝贵的资料和信息,这些在论文当中均有具体体现。

此外,笔者还借助讲授对外汉语课程的有利条件,在课堂内外,针对留学生群体进行了一定的访谈和调查,进而对一些典型的留学生个案进行了研究与分析。论文当中丰富的案例,进一步充实了论文内容。

在综合运用上述研究方法的基础上,论文对调查数据与历史资料进行细致深入的分析,实现理论与实践相结合,描述与分析相结合,反思与建构相结合的目标。

2 高校来华留学生事务管理传统模式的形成及原因分析

来华留学生教育管理是我国高等教育的重要组成部分,它服务于国家政治、经济发展的需要,同时,其发展又受到国家政治、经济发展的制约。新中国成立以来历史进程中的每一次重大变迁,都会对来华留学生教育管理的发展产生深远的影响。

2.1 特殊化管理模式的形成及体现

在我国来华留学生教育发展的初期,由于留学生人数少,规模小,活动范围有限,中国政府出于多方面考虑而采取相对"封闭"或"半封闭"的管理模式,而这种管理方式直接呈现出的特点就是对留学生无论是从生活上还是教学上都给予了一定程度的"特殊照顾":学习上有专用的留学生教室,有专门的留学生汉语及学科辅导老师,生活上有与国内学生完全区别开的留学生公寓、留学生餐厅或是留学生专用厨房,甚至是课下的业余生活都安排特定的中国学生对他们进行一对一的指导。我们可以理解,采取这样的管理方式是出于防止留学生与中国学生之间发生文化或其他方面的冲突与避免"文化渗透"的考虑。这一时期,相应于留学生人数较少、规模较小、活动范围有限的现状,留学生管理人员也为数不多,且多数是兼任,还没有专职的来华留学生事务管理人员。

鉴于我国当时特定的历史条件,不能否认,这种传统的以"特殊照顾"为显著特征的"特殊化"管理理念与"封闭半封闭"的管理方式在一定程度上对于留学生事务的有效管理曾经起到过积极的推动作用。随着中国改革开放的不断深入,政治经济的迅猛发展以及国际地位的不断提升,中国政府顺应世界高等教育国际化的发展趋势,相继出台了一系列优惠政策,特别是"中国政府奖学金"项目的进一步完善,成为来华留学生教育事业进入新的发展阶段的助推器。

来华留学生数量急剧上升，层次越来越多，人员构成及背景越来越复杂，活动范围急剧扩大，国别、民族、信仰各有差异，能否做好来华留学生的教育管理工作，事关学校与社会的稳定大局。

2.1.1 新中国留学生教育发展的简要回顾

从1950年底新中国接收第一批来自捷克斯洛伐克、波兰、罗马尼亚、匈牙利和保加利亚5个国家的33名来华留学生①到2016年的66年间，我国对留学生的教育与管理经历了起步、实验探索、定位调整以及21世纪初以来的快速发展时期。来自教育部国际司的统计数据显示：截至2016年年底，全国高校来华留学生总数达442773人，比2015年增加了45138人，增长比例为11.35%。这些留学生来自205个国家和地区，分布在全国范围内829所高等院校、科研院所和其他教学机构中学习。②

通过对新中国来华留学生发展历史的回顾与梳理可以看到，来华留学生教育管理近70年的发展，大致经历了以下四个阶段，③每个阶段都体现出了鲜明的时代特征。

第一阶段：新中国成立初期到改革开放之前(1950—1978)

计划经济时代是来华留学工作起步阶段，也是完全为国家外交工作需要服务的阶段。这一时期的来华留学生基本上是国家间的留学生交流，除个别情况外，没有自费留学生。④

1950—1965年，新中国成立初期到"文化大革命"前，我国与大多数建交国家开展了留学生交流，而苏联、东欧等社会主义阵营国家及亚非拉第三世界国家是来华留学生的主要来源国。这一阶段，我国接收来自70个国家的各类来华留学生共7259人，其中，来自社会主义阵营国家的留学生人数占同期来华留学生总数的

---

① 李滔：《中华留学教育史录(1949年以后)》，286页，北京，高等教育出版社，2000。

② 教育部：《2016年度我国来华留学生情况统计》，http://www.moe.edu.cn/jyb_xwfb/xw_fbh/moe_2069/xwfbh_2017n/xwfb_170301/170301_sjtj/201703/t20170301_297677.html [2017-03-07]

③ 对于我国来华留学生教育发展的历史分期问题，研究者有着不同的观点，最常见的是"两分法、三分法和四分法"，也有"五分法、六分法"之说。(耿虎：《来华留学生教育历史分期及相关问题探析》，载《高教探索》，2010(04)，92—97页。笔者结合历史资料和相关数据，倾向于"四分法"的观点。)

④ 于富增：《改革开放30年的来华留学生教育》，17页，北京，北京语言大学出版社，2009。

90.58%,其他亚非拉民族独立国家的来华留学生人数占同期来华留学生总数的2.7%,二者共同占同期来华留学生总数的93.28%。1966年,"文化大革命"爆发,高等学校停课,来华留学生教育中断长达8年之久,直到1973年才恢复招收来华留学生。1973—1977年间,我国共接收2066名来华留学生,亚非拉发展中国家成为来华留学生的主体。由于我国与苏联关系恶化,来自苏联和东欧国家的留学生明显减少。同时由于大多数欧美发达国家与我国建立了外交关系,欧美来华留学生比例上升,占到同期留学生总人数的26.9%。

1950年至1978年的28年间,全国累计接受培养了12800名留学生,几乎全部由我国政府提供奖学金。1978年在华学习的留学生人数为12000余名。[1]虽然留学生的规模和国别数十分有限,但大部分都成长为与我国开展友好工作的骨干力量。

第二阶段:改革开放之初到80年代末(1978—1989)

在改革开放形势下来华留学工作的实验探索阶段,批准一些高等学校招收自费来华留学生,成为这一时期中国教育对外开放的突出标志。来华留学生的来源国扩展到西方一些工业化发达国家。1978到1989年,全国共接受和培养了40221名留学生,其中政府奖学金生13699名,自费留学生26522名。[2]来华留学生效益和影响已日益显现出来。

第三阶段:来华留学教育事业的定位调整和确定阶段(1990—2000)

在这一时期,以建构"与社会主义市场经济体制和政治体制、科技体制改革相适应的教育体制"为旨归,[3]通过改变旧的办学理念,健全新的管理体制,拓展高等院校的办学自主权,我国初步建立了灵活、有效、合理的来华留学生教育管理的新机制,并试图逐步与国际留学生教育管理体制正式接轨。

1990年到2000年全国共接受和培养了310000多名留学生,其中政府奖学金生18360名,自费留学生292000多名。[4]

第四阶段:21世纪初以来的快速发展阶段(2001至今)

2001年到2016年期间,来华留学生人数年均增长率超过20%。2008年,在华学习的各类留学人员达到223500人,其中政府奖学金学生14000余名(6%),自费生近210000人(94%),接受学校达到592所。2012年,全年在华学习的外国留

---

[1] 于富增:《改革开放30年的来华留学生教育》,14页,北京,北京语言大学出版社,2009。
[2] 于富增:《改革开放30年的来华留学生教育》,284页,北京,北京语言大学出版社,2009。
[3] 教育部:《中国教育年鉴(1994)》,383页,北京,人民教育出版社,1995。
[4] 教育部:《"外国留学生情况"统计数据》,http://www.moe.edu.cn/publicfiles/business/html-files/moe/s6200/list.html[2010-12-10]

学人员总数首次突破 32 万人，[①]截至 2016 年底，全国高校来华留学生总数达 442773 人，比 2015 年增加了 45138 人，增长比例为 11.35%。这些留学生来自 205 个国家和地区，分布在全国范围内 829 所高等院校、科研院所和其他教学机构中学习。[②]来华留学生总人数、生源国家和地区数、我国接受留学生单位数及中国政府奖学金生人数四项均创新中国成立以来新高。

来华留学生的数量规模以惊人的速度增长着，而与之密切关联的传统的留学生事务管理工作方法与模式，渐渐滞后于管理工作的实际需要，面临着越来越严峻的挑战，并因此引发学界的密切关注与深入思考。尽管各高校在对来华留学生教育管理的方式方法上已经做出了不同程度的调整与创新，但是在实践中还没有完全摆脱特殊化管理模式的影响，适应多元化背景的跨文化的管理模式尚未真正确立起来。对特殊化模式进行深入分析，是探索与确立新的管理模式的基础与前提。

2.1.2 "特殊化"管理模式的现实体现

在我国来华留学生教育发展的初期，由于受到特定历史时期外交政策和外交关系的影响与经济发展水平的制约，来华留学生教育管理体制与计划经济体制相适应，呈现出规模相对较小、学生来源国相对单一、学生活动范围有限、管理高度集中统一的特点。留学生事务管理从政策制定到事务实施都具有"特殊化"的倾向，形成了相对"封闭"或"半封闭"的管理模式。与此相适应，留学生管理人员也为数不多，且多数是兼任，专业的来华留学生事务管理队伍尚未建立起来。

从统计数据上看，这一时期的来华留学生规模相对较小。从政策层面分析，主要是按照对等交流的原则，通过政府间协议接收奖学金留学生。重点面向友好国家，在经费负担方面援助色彩浓厚，如提供奖学金、免除学费、提供生活补助等。由于与我国建交的国家有限，政府提供奖学金的经济能力也有限，我国接收来华留学生的范围和数量受到限制。在管理上，这一时期的教育部对来华留学生教育工作实行集中统一管理。不仅决定来华留学生的名额，确定接收留学生的院校和对外开放的专业，安排每个留学生就读的院校，向接收留学生的院校拨付费用，而且直接

---

① 教育部：《2012 年全国来华留学生简明统计报告》，http://www.moe.edu.cn/publicfiles/business/htmlfiles/moe/s5987/201303/148379.html [2013-03-07]

② 教育部：《2016 年度我国来华留学生情况统计》，http://www.moe.edu.cn/jyb_xwfb/xw_fbh/moe_2069/xwfbh_2017n/xwfb_170301/170301_sjtj/201703/t20170301_297677.html [2017-03-07]

管理来华留学生的学籍,来华留学生改变专业、延长学习时间、提前结业和中途回国以及留级、开除等须报教育部批准。一定意义上,这一时期各相关院校接收来华留学生的国别、规模、专业和层次是由教育部决定的。

(1) 生活方面视若外宾的特殊照顾

新中国成立之初,我国主要对承认中国主权与建立外交关系的友好邦国进行留学生交流,对欠发达的亚、非、拉国家进行教育援助,条件十分优惠,不仅免收留学生的学费,还把他们安排在最好的大学学习,院方想方设法帮助他们学习,努力不使一个学生掉队。为了把数量并不很大的奖学金留学生安排到有关院校学习,政府要拨出一定的经费用于接收留学生院校的学生宿舍和食堂建设,由接收外国留学生的高校的校级领导亲自负责,在学校条件有限的情况下依然专设与国内学生完全区别开的留学生公寓、留学生餐厅或是留学生专用厨房。[①]

在住宿和生活上,当时一个奖学金学生一个月的伙食费相当于中国学生伙食标准的三倍到四倍;留学生的住宿条件也比中国学生优越得多,留学生一般两个人住一间,而中国学生6—8人合住一个房间很普遍。[②]

尽管在1962年制定的《外国留学生工作试行条例(试行)》[③]中明确规定:"对留学生的生活适当照顾,但不能把留学生当成外宾看待。""要严格执行生活管理制度,并教育留学生自觉遵守。""要尊重留学生的民族风俗习惯和宗教信仰,并提供必要的方便。""要做好留学生的社会管理工作,包括保护留学生的合法权益和人身安全,教育留学生自觉遵守我国的有关政策和法令,尊重我国的风俗习惯。对留学生的违法行为,要依法处理。"然而,在实际操作中,由于诸多不可控因素的影响,尽管高校基本遵循条例精神来执行,留学生在生活和管理上却并不领情,稍有不满就采取校内罢课、罢餐以及到社会上去游行等一些极端措施向学校和政府施压。

在1961—1962年间,留学生中发生罢课、绝食、打架斗殴、打碎食堂餐具、偷盗等大小事件30多起。留学生常常抱怨伙食不好;不能每天洗澡等等。

根据当时我国的经济条件,对外国留学生的生活费用标准已经给予了很大照顾,规定留学生每月生活费为80元。在当时的价格标准下,这些费用只用于伙食等个人费用,应该不成问题。但是一些非洲留学生仍然组织请愿,要求

---

① 李滔:《中华留学教育史录(1949年以后)》,831-832页,北京,高等教育出版社,2000。
② 对外经济贸易大学国际学院:《足迹:对外经贸大学留学生教育发展历程》,67-69页,北京:对外经济贸易大学出版社,2011。
③ 李滔:《中华留学教育史录(1949年以后)》,311页,北京,高等教育出版社,2000。

增加生活费。后来,国家又决定增加到每月 100 元。当时我国高等学校的大学生每月生活费也只有 10 元左右,而大学毕业后的月工资也不过是 50 元左右。①

由于对留学生"外宾"身份的过分强调,高校对其生活上的特殊关照,特别是住宿和生活标准的巨大差异,使得留学生成为高校中的特殊群体,与中国学生完全隔离开来。有些高校的留学生产生了无视纪律的现象,甚至公然强调自己是"中国请来的客人",有着极强的"贵族化"的优越感。出于"外事无小事"的考虑,在高校管理人员中产生了对留学生不敢管理的问题,导致管理混乱与资源浪费。

我们国家一向站在第三世界国家人民一边,支持他们的民族独立斗争,援助他们的经济发展,接收第三世界国家留学生是我国对发展中国家援助的一个组成部分。因此,我国与第三世界国家在政治上是友好国家,对来自这些国家的留学生也友好相待。特别是把他们安排在最好的大学学习,院方想方设法帮助他们学习,尽量使他们跟上学习进度,并努力不使一个学生掉队,使他们学到一定的本领,好为他们自己的国家服务。

在住宿和生活上,当时一个奖学金学生一个月的伙食费相当于中国学生伙食标准的三倍到四倍;留学生的质素条件要比中国学生优越得多,留学生一般两个人住一间,而中国学生 6—8 人合住一个房间很普遍。而留学生在生活和管理上稍有不满就采取校内罢课、罢餐以及到社会上去游行等一些极端措施向学校和政府施压,1979 年原上海华东纺织工学院中外学生冲突事件尽管是由于非洲国家留学生违纪引起的,但事件造成了世界范围的影响。西方媒体以及非洲国家的媒体都对此事从各自的角度和需要作了报道,对我国的对外开放形象造成了损害,也不利于国内的安定团结。在 80 年代,参与闹事的留学生多为长期在华学习的留学生,其中多数为来自撒哈拉以南非洲国家的留学生。②

自 20 世纪 70 年代以来,高等学校接收自费留学生之后,由学校自筹资金解决来华留学生的必要条件。在这个意义上,是否具备宿舍与食堂等生活设施成为高等院校接收留学生的必要条件。为了自身的发展,利用"住宿"、"餐厅"等生活方面硬件设施的条件来吸引留学生,成为留学生"特殊化"管理模式形成的又一诱因。

---

① 于富增:《改革开放 30 年的来华留学生教育》,23 页,北京,北京语言大学出版社,2009。
② 于富增:《改革开放 30 年的来华留学生教育》,25 页,北京,北京语言大学出版社,2009。

1982年4月,中共中央宣传部和团中央发布了《关于正确对待留学生、加强爱国主义和国际主义教育的通知》。通知强调,做好留学生特别是第三世界国家来华留学生工作,不仅涉及社会主义中国的形象和信誉,而且对正确体现我国对外方针政策,增进我国人民与第三世界国家人民的友谊和团结,促进反对霸权主义,维护世界和平事业,具有十分重要的意义。由于我国接收非洲各国家留学生具有智力外援性质,所以,从政治和外交的角度出发,也不能停止接收这些国家的留学生。

留学生到中国来,不仅仅是要接受我国的教育,更要接触我国的政治经济体制与文化传统。因为,真正的全球化意识和跨文化交流能力只有通过与不同文化背景的人们进行真正的交流与交往才能够得到发展。但是,中国长期采取的"封闭"、"半封闭"的管理方式,使得留学生到中国来似乎成了与世隔绝的"笼中鸟",当然,这并不是说学校限制了来华留学生的自由,而是无意中形成了一种无法深入接触外界的现象。新中国成立以来,我国一直采用的都是有别于中国学生的办法给予来华留学生适当的照顾,多数学校出于方便管理的目的依然沿袭至当时,这种管理方法也没有改变。

为了照顾他们的饮食习惯,有的学校设置专门的留学生餐厅和留学生专用厨房;为了照顾他们的起居生活习惯,将他们宿舍安排在专门的留学生公寓,实行"酒店式"管理,24小时保安,专人保洁,所有到留学生宿舍来的中国学生都要进行详细的信息登记,留学生公寓公共场合的监控摄像也是不间断工作;为了照顾他们的学习进程,开设专门的留学生汉语补习班,但是,很多学生却经常以各种理由旷课。留学生在专门的留学生公寓住宿,在留学生专用教室上课,在我们看来可以说是无微不至的关怀。可是留学生对这种"特殊照顾"似乎并不领情,他们认为这样的生活使他们与中国的大学生隔绝开来,导致生活交往圈子越来越小。①

尽管有管理者对来华留学生的住宿问题做过解释:"留学生是远道而来的客人,中国人向来有好客的传统,作为客人,自然要住在条件要好得多的留学生公寓里。"可是,留学生的反应却让人无所适从:"我们得到的照顾很好,可是我们的住宿费用也很高啊!为什么不能让我们和中国学生住一样的宿舍呢?中国学生的宿舍费用很便宜啊!不是每一个来华留学生都是有钱人,有时候我们负担不起这么昂贵的住宿费!"②

---

① 杨军红:《来华留学生跨文化适应问题研究》,67页,上海,上海社会科学院出版社,2009。
② 摘自访谈资料。

这的确是一个让留学生事务管理者进退两难的问题，不过，也并非无解决之道。校方可以在条件允许、不影响中国学生学习生活的前提下，让来华留学生自己选择宿舍，以消除其对学校安排的不满情绪。

(2)学习方面单独教学的特殊管理

留学生来自世界各国，他们的学习目的和文化水平不同，生活方式、风俗习惯也有很大差别。在中外文化、政治经济体制、宗教信仰等诸多差异中，语言差异最为直接和明显，给留学生的教学工作带来一系列复杂问题和困难。

20世纪50年代末期到60年代初期，非洲国家来华留学生逐步增加使得来华留学生的教育管理工作更具复杂性，一些人对学习没有兴趣，无故旷课的学生比例占三分之二以上，①个别人根本就不来上课，拒绝参加考试以及不尊重教师的现象屡屡发生，甚至发生过留学生不能适应在华学习生活而中途退学的现象。

> 1962年，有83名来自非洲国家的留学生要求退学回国，占1959—1962年间非洲国家留学生总数的57%。教育部部长杨秀峰亲自与要求退学回国的留学生谈话，但留学生仍然坚持退学回国。他们不愿在中国继续学习的理由有：学习太紧张，学生自己掌握的时间很少；老师进课堂，学生要起立；中国学校没有学位；来华前被告知所有课程用英文学习，来华后却要学习汉语等。②

这些非洲留学生退学的实质问题是汉语水平差，学习跟不上。统计资料表明，1961年和1962年接收的索马里43名留学生中，只有6人具有高中文化程度，其余均只有初中甚至小学文化程度，因此，许多人来华后不可能适应大学紧张的专业学习生活。即使是具有高中文化水平的非洲国家留学生，也有很多人在学习上面临很大困难。为此，学校不得不安排教师专门给留学生补课，或者把讲过的专业课再讲一遍。针对上述情况，1963年，教育部发布了《关于接收外国留学生入中国高等学校学习的规定》，要求驻外使馆将规定的内容向欲来华学习的人说明。这些内容包括：中国经济还比较落后，人民生活水平还较低，为保证留学生的学习和健康，我国对外国留学生有一定照顾，但仍比较艰苦，因此，到中国要准备过艰苦生活；中国学校对学生的培养是认真的，因而对学生要求严格，学习生活紧张，学生必须遵守学校的规章制度；中国人民的社交是自由而严肃的，留学生必须尊重中国的风俗

---

① 于富增：《改革开放30年的来华留学生教育》，21—22页，北京，北京语言大学出版社，2009。
② 于富增：《改革开放30年的来华留学生教育》，23页，北京，北京语言大学出版社，2009。

习惯；中国对留学生的一切正当权益都给予法律保障，留学生也应当遵守我国的政策法令和条例，不得违反。如果欲来华学习的人听了上述介绍对来华留学表示犹豫，应劝说他们不要来华学习。1963年召开的教育部第一次全国来华留学生工作会议上，蒋南翔部长指出，我们必须看到留学生工作的复杂性。留学生来自世界各国，他们的学习目的和文化水平不同，他们的生活方式、风俗习惯、宗教信仰也有很大差别。这给我们的管理工作带来一系列复杂问题和困难。

来华留学生工作要以教学为中心，对留学生的专业学习，要从留学生的实际出发加以安排。他在报告中提出三种方式：对程度较好的学生，基本上按照中国学生的教学计划进行，与中国学生的要求大体一致；对程度较差、难以按统一教学计划进行教学的学生，酌情减免一些次要课程，精简一些内容；对个别基础太差的学生，做特殊安排，例如用专修的方式重点学习一部分课程。以上三种方式中，第一和第二种方式是基本的，第三种是个别的，并要力求减少。所以，对留学生的教学，在与中国学生趋同的同时，接收留学生院校还安排教师对留学生进行个别辅导。事实表明，对留学生学习上的个别辅导直至今日，也仍然是留学生教学过程中不可缺少的一部分。

在针对留学生进行的教学工作中，尽管当时教育部门统一要求采取上述三种方式，然而在各高校的实践中，由于校情与留学生自身的差异性，学校既要确保完成留学生培养的"政治任务"，又要想方设法保证教学质量符合基本要求，于是，在很长一段时间内普遍形成了留学生单独教学的特殊化教学管理模式：留学生有自己专门的教学区域和专用教室、学校专门指派教师为留学生上课、"开小灶"，甚至是课余生活都安排特定的中国教师或学生对他们进行一对一的引导。

1973年，我国恢复接收外国留学生后，国务院于1974年11月批准国务院科教组、外交部联合制定的《关于外国留学生教学和管理工作的暂行规定》，对来华本科留学生的教学规定是："凡是能统一计划的，均与中国学生合班上课；不能统一计划的，则可单独安排。"[①]这一规定的出台，一定意义上是把留学生单独教学上升到了政策层面，客观影响是"单独教学"的合法化。单独教学在短时期内可以收到显著成效，但从长远看，一定程度上造成了中外学生的隔离状态，抑制了留学生积极主动与中国学生交流、感受并融入中国文化的积极性，从而导致留学生把自己禁锢在特定的小圈子里，语言、社会交际能力得不到锻炼和提高，这恰恰与留学生教育的初衷相背离并且深刻地影响着我国的高校来华留学生教育管理。

---

① 于富增等：《教育国际交流与合作史》，120页，海口，海南出版社，2001。

这种特定历史条件下的特殊办法,在短时期内颇具收效的同时也为特殊化教育管理模式的形成埋下了伏笔。

随着我国社会主义市场经济体制的确立,来华留学生大量增加,过去的培养方法,特别是大量的额外补课就行不通了,因此,提高学生的汉语能力成为提高来华留学生培养质量的关键因素。

20世纪80年代后期,教育主管部门废除了对留学生"特殊对待"的管理规定,强调对来华留学生与中国学生同等对待。例如,留学生有几门功课在经过认真帮助和补考后仍不能通过时,要像对待中国学生一样作开除学籍处理。有的学校在开始这样做的时候还遇到很大阻力,留学生管理者曾被因为功课不及格而被开除学籍的非洲留学生打伤。90年代以后,在我国高等学校的来自非洲国家的留学生比1980年增加了一倍多,但严重的留学生闹事事件基本上没有再发生。但对留学生与中国学生同等对待还有待于进一步发展。因此,还只能说基本建立起了开放式的来华留学生教育发展体制。[①]

20世纪80年代,在资产阶级自由化思潮一度泛滥的背景下,我国高等学校的外国留学生不安定事件也时有发生。虽然发生这些事件的原因并不是什么政治原因,主要是一些生活和日常管理方面的问题,但是留学生在校内罢课、罢餐以及到社会上游行,几乎每年都有发生。鉴于这一阶段来华留学生闹事事件接连不断,从我国当时国内的实际情况考虑,特别是维护国内安定团结的需要,中央领导同志要求教育部对如何接收留学生的问题研究解决办法。

1985年发布的《关于教育体制改革的决定》中明确规定,高等学校"有权利用自筹资金,开展国际的教育和学术交流"。接收外国留学生作为学校国际交流的一部分,在当时,需要经过教育部审批。因此,一些高校要求简化审批手续,开放高等院校对外接收留学生。1989年,国家教委(教育部)发布了《关于招收自费留学生的有关规定》。这一规定中,把自费生定义为:外国留学生在华费用,包括学费、住宿费、伙食费、医疗费、教材费及教学计划之外的实验、实习、专业参观等费用均由留学生本人负担者,称为自费生(含短期来华留学人员)。规定第二条:"普通高校要求接收自费留学生,必须具备接收外国留学生的教学、生活、管理等条件,要有管理外国留学生的机构,并经省、自治区、直辖市一级教育主管部门批准。……自费留学生要求来华学习,其本人直接向招生院校提出申请,招生院校根据有关规

---

① 于富增:《改革开放30年的来华留学生教育》,270—271页,北京,北京语言大学出版社,2009。

定决定录取适宜。"开放高等院校接收自费留学生,大大促进了我国来华留学生教育的发展。①

从政策变化来看,教育管理部门也逐步认识到问题所在,分别于1963年8月、1979年1月、1984年12月召开的三次全国外国留学生工作会议和一系列政策文件的颁布,恰恰印证了教育管理部门对特殊化管理模式的认识及改变对策。在1963年,指导来华留学生教育的规范性文件《外国留学生工作试行条例(草案)》颁布,并召开了第一次全国来华留学生工作会议;1979年1月召开了第二次全国来华留学生工作会议,1979年5月颁发了《外国留学生工作试行条例(修订稿)》,正式提出开始接受来华自费留学生,同时规范了来华留学生的入学标准、接受类别和学制;1984年12月召开了第三次全国来华留学生工作会议。1985年11月经国务院批准下发了《外国留学生管理办法》。规定了教育部、外交部、公安部等有关部门在来华留学生教育管理工作中的责任,明确指出了:外国留学生来我国的目的是学习,他们在学校中的身份首先是学生,其次才是外国人,要遵守学校对学生规定的纪律和规定,同时进一步放宽了高等院校对留学生的教学权、管理权和招生权。在整个20世纪80年代,高校没有成为真正的留学生教育主体,政府依然控制着留学生的招生、教学、管理等诸多方面。90年代之前,以政府为主体的来华留学生接收体制对来华留学生教育管得太多、管得太死,使来华留学生增长速度比较缓慢,规模不大,而且管理方式与管理质量上也存在着一定的问题,管理模式的"特殊化"特征显著。到1989年底,高校完全获得外国留学生教育管理的自主权,成为世界留学生市场中自主参与平等竞争的主体,这标志着以政府为接受留学生主体的时代已经结束。

关于留学生的学籍管理,1962年制定的《外国留学生工作试行条例(试行)》②规定:"学校应该根据考勤、考级制度对留学生进行考核、凡留级、开除学籍者,必须报教育部批准。留学生改变专业、延长学习时间、提前结束学业和中途回国等,由学校报教育部批准。"1973年恢复接收留学生之后,对留学生的学籍管理仍沿用上述规定。在我国高等学校的学籍管理规定中,规定了学生学习成绩不及格要给予"留级和开除学籍"等具体处理办法,这些权力属于学校。然而,在1964—1979年间的外国留学生工作相关条例中规定:"凡留级、开除学籍者,须经报教育部批准;其他处理由学校决定,报教育部备案。……对违反校纪者,要给予适当的批评教育,情节恶劣屡教不改者应受不同的校纪处分,直至开除。开除留学生需报教育部

---

① 于富增:《改革开放30年的来华留学生教育》,78—79页,北京,北京语言大学出版社,2009。
② 李滔:《中华留学教育史录(1949年以后)》,311—317页,北京,高等教育出版社,2000。

商外交部批准。"① 而教育部在进行开除留学生的审理时,留学生所属国的驻华使馆人员往往会出来说情,要求给留学生一次改正错误的机会。在上述规定存在期间,几乎没有因为学习成绩或严重违纪问题开除过留学生的情况。所以,学校对无理闹事的留学生能做的就是一般的教育,即使给予警告一类的处分,留学生根本不在意。甚至有的留学生竟称他们是中国教育部请来的客人,学校无权管他们。

把对留学生的学籍管理中的属于学校的权力划归教育部,要求对留学生留级和开除学籍,必须报教育部批准的规定,事实上把留学生的学习或违纪问题无意中上升到我国与留学生来源国的国家关系上来。实践发展表明,这种规定不利于学校对留学生的管理。例如,90年代以来,来自非洲的留学生成倍增加,没有再发生严重的留学生闹事事件。学校具有留学生管理的完全自主权是重要原因之一。

2.2 特殊化管理模式形成原因分析

来华留学生的教育管理伴随着国家政治、经济、文化等各方面的发展而变化。在留学生教育发展的初期阶段,"特殊化"的显著特征恰是当时中国所处的国际、国内社会环境在留学生教育管理领域的真实映照,其深层次原因是多方面的。

2.2.1 特定历史时期国内外政治经济环境的影响

从新中国成立初期50年代第一批33名来华留学生发展到2016年44万人之多,从1950年的捷克斯洛伐克、波兰、罗马尼亚、匈牙利和保加利亚5个国家发展到2016年的205个国家和地区,我国的来华留学生教育管理活动自身的发展带有一定的阶段性特征:20世纪50年代主要与苏联和其他社会主义国家进行留学生交流;60年代转向同亚非拉等第三世界国家;70年代开始扩大同欧美等发达资本主义国家教育交流;80年代末期以后才逐步实现全方位的对外教育文化交流,这种变化正是契合了我国相应阶段的外交政策的演变过程:从50年代"一边倒"②、60年代"两反一合双交"③、70年代"一条线"④,到80年代后"全方位外交"。

不难看出,国际经济、政治、文化交流等状况都直接或间接地影响着来华留学

---

① 李滔:《中华留学教育史录(1949年以后)》,808—819页,北京,高等教育出版社,2000。
② 田正平:《中外教育交流史》,855页,广州,广东教育出版社,2004。
③ 周敏凯:《当代世界政治经济与国际关系》,302页,北京,高等教育出版社,2006。
④ 周敏凯:《当代世界政治经济与国际关系》,304页,北京,高等教育出版社,2006。

生政策与实践的发展。在诸多的影响因素中，国内政局、外交关系和留学生教育政策等政治因素、经济与科技因素以及高等教育发展水平成为来华留学生教育管理的关键性因素。当国内政局稳定、外交关系和睦、有比较开放的留学政策时，留学生教育管理就会快速发展，反之则会受到阻碍。

我国来华留学生教育事业发展的初期，从政策角度看，体现了"援助"性特征和履行"国际主义义务"的思想。由于当时我国接收的留学生多数是由对方政府派遣，受到学生来源国条件的影响，我国自主挑选留学生的权利受到限制，学生质量得不到很好的保障。相应的留学生事务管理模式也处于最初的摸索阶段，难免出现各种困难与问题。很多现在看来可能不可取的做法，受当时管理理念和国内国际实际情况所限，在当时却是行之有效的。对留学生加以"适当照顾"的政策要求在实践中逐步演变为"特殊照顾"的做法就是这样时代的产物。

2.2.2 对留学生身份定位不明确

新中国成立后开展的来华留学教育，我们视为"国际主义义务"，一直到20世纪80年代中期之前，还没有对来华留学生身份进行过明确的定位，这在无形中影响着来华留学生教育管理工作的顺利进行。

留学生在华学习期间，首先是学生，其次才应该是外国人。作为一个独立的个体，留学生的学习问题或者违反校规校纪问题的处理，原则上是不应该牵涉国家关系的。然而这种观念的确立，却是20世纪80年代中期以后的事情。而在此前，中国整个社会政治经济发展水平与开放程度都十分有限，除去各国驻华的外交人员，长期在华生活学习的外国人为数不多，加之当时的留学生主要是根据政府间的交流协定而互派的政府奖学金学生，在实际工作中，来华留学生一直是被当作"外宾"甚至是"贵宾"来对待的。对留学生的教育管理代表了国家的政治形象，基于当时教育为政治服务的出发点，在处理涉及留学生的问题时，特别是涉及非洲留学生的问题，考虑到政治、外交因素，出于对第三世界国家的照顾，无法按照处理学生问题的基本方法来进行，这种带有政治色彩的特殊对待结果却适得其反，不但助长了留学生的不合理要求，而且还在留学生教育管理领域进一步深化了"特殊照顾"的教育管理模式。这些都成为我国来华留学生事务管理科学化发展过程中不容忽视的制约因素。

改革开放以后，发展来华留学生教育除了是履行国际主义义务的需要之外，也是适应国际教育交流的要求。在这个意义上，能否对留学生的身份进行准确定位直接影响到留学生教育管理的全过程。

2.2.3 制度建设相对滞后

通过考察新中国成立以来我国教育行政主管部门颁布的关于来华留学生教育管理的相关制度，无论是从内容上还是数量上，都体现出特定历史时期我国留学生教育管理制度建设方面存在的问题与不足，这是导致各高校来华留学生事务特殊化管理模式形成的制度因素。

50年代的来华留学生主要以苏联和东欧社会主义国家、周边人民民主国家、其他亚非拉民族独立国家以及少数西方发达国家派遣的政府留学生为主，因此，当时的留学生政策文件多是针对特定国家的留学生群体的特定问题而签署的协定、议定书等。例如，1950年8月，中国外交部发给罗马尼亚驻华使馆的《关于交换留学生备忘录》(与其他四个东欧国家交换留学生的办法与罗马尼亚相同)；[1] 1953年11月23日签署的《中华人民共和国中央人民政府和朝鲜民主主义人民共和国政府关于朝鲜学生在中国高等学校及中等技术学校学习的协定》；1955年签订的《中华人民共和国政府和越南民主共和国政府关于双方互派留学生暂行办法》；1954年高教部拟发《各人民民主国家来华留学生暂行管理办法(草案)》等。[2] 在1962年第一个来华留学生的法规性文件《外国留学生工作试行条例(草案)》颁布之前，留学生教育管理的制度建设还是零散的、个别的，尚未形成针对全体留学生事务的较为系统成熟的规范化综合文件。

新中国成立以来我国政府和教育主管部门出台的留学生相关法规、制度，按时间线索整理如表2-1所示：

---

[1] 于富增：《改革开放30年的来华留学生教育》，34页，北京，北京语言大学出版社，2009。
[2] 李滔：《中华留学教育史录(1949年以后)》，268—270，301页，北京，高等教育出版社，2000。

表 2-1　新中国成立以来出台的留学生教育管理相关法律与制度

阶段	文件名称	主要特点
新中国成立之初到改革开放前	《关于交换留学生备忘录》(1950) 《中华人民共和国中央人民政府和朝鲜民主主义人民共和国政府关于朝鲜学生在中国高等学校及中等技术学校学习的协定》(1953) 《各人民民主国家来华留学生暂行管理办法（草案）》(1954) 《中华人民共和国政府和越南民主共和国政府关于双方互派留学生暂行办法》(1955) 《外国留学生工作试行条例（草案）》(1962)	新中国成立之初50年代的来华留学生主要以东欧社会主义国家和朝鲜、越南政府派遣的政府学生为主，因此，当时的留学生政策文件多是针对特定国家的留学生群体的接收问题而签署的协定、议定书等，留学生的接收、教育、管理带有强烈的政府行为色彩，在留学生管理的实践中，特殊照顾的特点鲜明。
改革开放以来到20世纪80年代末	《关于接受自费外国留学生收费标准问题的请示》(1979) 《关于高等学校开办外国人中文短训班问题的通知》(1980) 《为外国人举办短期学习班的有关规定》(1983) 《外国留学生管理办法》(1985) 《关于进一步办好为外国人举办短期学习班的几点意见》(1983)	1985年10月14日，国务院批转国家教委等部门制定的《外国留学生管理办法》，再次明确："对留学生，应当在学习上严格要求，认真帮助；政治上积极影响，不强加于人；生活上适当照顾，严肃管理。"1993年2月13日国务院发布《中国教育改革和发展纲要》提出，"改革来华留学生的招生和管理办法，建立国家留学基金管理委员会，使来华和出国留学生的招生、选拔和管理工作走上法制化轨道"，不再由政府出面。
90年代初到20世纪末	《中国汉语水平考试（HSK）办法》(1992) 《关于对举办外国人短期学习班的高等院校进行评审工作的通知》(1992) 《普通高等教育学历证书管理暂行规定》(1994)	对来华留学生的教育管理开始朝着规范化和专业化的方向发展。

续表

阶段	文件名称	主要特点
2000年以来	《高等学校接受外国留学生管理规定》(简称9号令，2000) 《关于实施中国政府奖学金年度评审制度的通知》(2000) 《改革外国留学生学历证书管理办法的通知》(2001) 《关于中国政府奖学金的管理规定》(2001) 《教育部关于印发普通高等学校新生学籍电子注册暂行办法的通知》(2007) 《教育部财政部关于调整外国留学生奖学金生活标准的通知》(2008) 《留学中国计划》(2010-09-21)	《留学中国计划》为我国的来华留学工作未来10年的发展做了规划，要求我国各级政府和高等学校以更加开放、更加积极的姿态，推动来华留学工作快速发展，并重点指出"积极推动来华留学人员与我国学生的管理和服务趋同化"。

通过对新中国成立以来我国相继出台的留学生教育管理相关法律与制度的梳理，不难发现，在高校来华留学生事务管理领域的文件，多数是微观层面的关于某一方面问题的具体规定。当前高校在留学生事务管理中普遍适用的《外国留学生管理办法》的发布时间是1985年，其中部分规定在新的时代背景和管理实践中已经出现了一定的滞后与脱节，需要补充新的理念和内容。全面的方针性政策《留学中国计划》直到2010年9月才正式出台，并以此为契机，开始进入高校来华留学生事务管理有统一依据的阶段。

2.2.4 高等学校缺乏来华留学生教育管理自主权

来自教育部的资料显示，1950—1965年的15年间，我国与大多数建交国家开展了留学生交流，而苏联、东欧等社会主义阵营国家及亚非拉第三世界国家是来华留学生的主要来源国。政策上，主要是按照对等交流的原则，通过政府间协议接收很小规模的奖学金留学生。重点面向友好国家，在经费负担方面援助色彩浓厚，如提供奖学金、免除学费、提供生活补助等。由于与我国建交的国家有限，政府提供奖学金的经济能力也有限，我国接收来华留学生的范围和数量受到限制。在管理上，这一时期的教育部对来华留学生教育工作实行高度集中统一管理。不仅决定来华留学生的名额，确定接收留学生的院校和对外开放的专业，安排每个留学生就读的院校，向接收留学生的院校拨付费用，而且直接管理来华留学生的学籍，来华留学生改变专业、延长学习时间、提前结业和中途回国以及留级、开除等须报教育部批准。一定意义上，这一时期各相关院校接收来华留学生的国别、规模、专业和层次是由教育部决定的，教育部、外交部、大使馆这种多级大包大揽的管理模式，使得高等学校在很长一段时间内缺乏足够的管理自主权。《外国留学生工作试行条例（试行）》(1962)规定："学校应该根据考勤、考级制度对留学生进行考核，凡留级、开除学籍者，必须报教育部批准。留学生改变专业、延长学习时间、提前结束学业和中途回国等，由学校报教育部批准。"[①]这一规定一直沿用至20世纪70年代末期。

在我国高等学校的学籍管理规定中，规定了学生学习成绩不及格要给予"留级和开除学籍"等具体处理办法，这些权力属于学校。然而，在1964—1979年间的外国留学生工作相关条例中规定："凡留级、开除学籍者，须经报教育部批准；其他处理由学校决定，报教育部备案。……对违反校纪者，要给予适当的批评教育，情节恶劣屡教不改者应受不同的校纪处分，直至开除。开除留学生须报教育部商外交部批准。"[②]而教育部在进行开除留学生的审理时，留学生所属国的驻华使馆人员往往会出来说情，要求给留学生一次改正错误的机会。在上述规定存在期间，几乎没有因为学习成绩或严重违纪问题开除过留学生的情况。所以，学校对无理闹事的留学生能做的就是一般的教育，即使给予警告一类的处分，留学生根本不在意。甚至有的留学生竟称他们是中国教育部请来的客人，学校无权管他们。

把对留学生学籍管理中属于学校的权力划归教育部，要求对留学生留级和开除学籍，必须报教育部批准的规定，事实上把留学生的学习或违纪问题无意中上升到我国与留学生来源国的国家关系上来。以政府为主体的留学生接收体制对来华留学生教育管得太多、管得太死，使来华留学生增长速度比较缓慢，规模不大，而且管理方式与管理质量上也存在着一定的问题，管理模式的"特殊化"特征显著。实践发展表明，这种规定不利于学校对留学生的管理。直至1989年底，高校完全获得外国留学生教育管理的自主权，成为世界留学生市场中自主参与平等竞争的主体。20世纪90年代以来，来自非洲的留学生成倍增加，高校也没有再发生严重的留学生闹事事件。学校具有留学生管理的完全自主权是重要原因之一。

---

① 李滔：《中华留学教育史录(1949年以后)》，313页，北京，高等教育出版社，2000。
② 李滔：《中华留学教育史录(1949年以后)》，825—832页，北京，高等教育出版社，2000。

3 新形势下高校来华留学生事务管理的变革期待

20世纪90年代以来，世界经济一体化发展步伐加快，世界各国间的货物、资金、人员的流动空前发展，留学生的流动也得到了经济一体化因素的推动。来自世界各国的留学生的生源规模不断扩大，分别在留学生来源、流向、留学目标等方面不同程度地体现出多元化特征，并且对既有的特殊化的管理模式提出了越来越严峻的挑战。突破旧有传统模式的束缚，探索多元化条件下的跨文化管理模式成为新形势下高校来华留学生事务管理最为迫切的变革期待。

3.1 特殊化管理模式面临的严峻挑战

在我国来华留学生教育发展的初期，由于留学生人数少，规模小，活动范围有限，中国政府出于政治外交等多方面考虑而在一元文化主导的理念指引下一定程度上视留学生为外宾，采取相对"封闭"或"半封闭"的管理模式，而这种管理方式直接呈现出的特点就是对留学生无论是从生活上还是教学上都给予了一定程度的"保姆式特殊照顾"：学习上有专用的留学生教室，有专门的留学生汉语及学科辅导老师，生活上有与国内学生完全区别开的留学生公寓、留学生餐厅或是留学生专用厨房，甚至是课下的业余生活都安排特定的中国学生对他们进行一对一的引导。采取这样的管理方式原因并不难理解，一是出于防止留学生与中国学生之间发生文化或其他方面的冲突的考虑，二是避免中外学生间相互的"文化渗透"。这一时期，相应于留学生人数较少、规模较小、活动范围有限的现状，留学生管理人员也为数不多，且多数为兼任，还没有专职的来华留学生事务管理人员，组织结构不完善，人员配备不合理，管理人员素质存在一定问题，没有明确的制度保障，还存在人为因素、政治因素的干扰，并没有形成一个规范化、制度化的独立运行的体系，缺乏教育管理自主权。

但是，鉴于我国当时特定的历史条件，不能否认，这种以"特殊照顾"为显著特征的"特殊化"管理理念与"封闭半封闭"的管理方式在一定程度上对于留学生事务的有效管理曾经起到过积极的推动作用。但是，随着来华留学生规模的迅速扩大，特殊化的管理模式造成封闭、半封闭的校园格局，留学生不满意，中国学生不理解，两个群体之间常常相互隔绝，导致高等教育资源的极大浪费。显然已经无法适应留学生数量规模化激增的需要，对于新的管理模式的探索成为新的关注点。

各高校现行的来华留学生事务管理机构基本上还是依靠固有的模式在运转，即招生、学习管理、生活管理独立于中国学生之外的管理模式，留学生事务管理部门相当于一个小型的招生办公室、教务处、研究生院、学生处、后勤管理中心。留学生事务管理部门的人员少，每个人身兼数职，负责包括招生、学习、生活服务的所有事务，个别学校的管理人员还兼任汉语课程的任课教师。再加上留学生类别繁多，学习期限长短不一，随着《留学中国计划》的付诸实施，留学生数量已经呈现规模化激增的特点，这一变化给留学生事务管理人员带来的压力可想而知。形势的发展，留学生数量增多的需求和现实管理模式的不适应，使得留学生事务跨文化管理逐渐成为一种现实的需要。怎样实现留学生事务管理的跨文化呢？跨文化管理，前提是存在不同文化的交锋与碰撞，其背景是留学生具备的文化多样性与多元化特征，跨文化管理不是无视文化差异性的简单同一性管理，而是要在管理中实现不同文化间的相互影响、相互适应的过程。在跨文化的管理制度下，留学生的不同文化背景被承认和被尊重，学生具备同等的机会了解和学习与自己不同的文化，使自己置身于多文化的学习环境中，不仅具有平等的学习机会，也具有平等的被评价的机会。

趋同方式是世界各国接收外国留学生普遍采用的培养方式。对外国留学生实施趋同培养方式的关键是留学生能够使用接收国的官方语言进行专业学习。因此，我国实施趋同的教育管理方式，就在于使留学生实现多元文化背景下的接受与融入。

世界各国留学生教育的发展也表明，开放式的留学生教育发展体制的主要内容，一是高等学校直接面对国际留学生市场招收留学生；二是外国留学生与国内留学生同等对待。80年代末之前，留学生"闹事"一直是困扰来华留学生管理的一个主要问题。80年代后期，废除了对留学生"特殊对待"的管理政策规定，强调对来华留学生与中国学生同等对待。这首先为新的来华留学生管理体制的逐步确立提供了政策支持。同时，随着我国经济发展水平的不断提升，社会主义市场经济体制的确立以及加入WTO的外在经济环境，也成为推动来华留学生教育管理发展的积极因素。

3.1.1 高校来华留学生群体呈现出多元化特征

20世纪90年代以来,世界经济一体化发展的加快,成为推动世界外国留学生教育发展的主要动力。在此条件下,世界外国留学生教育的发展在留学生背景文化多元的前提下,同时呈现出生源多元化,流向多元化,留学目标多元化的特点。

通过对教育部《中国教育年鉴》2000—2016年来关于来华留学工作数据的整理分析,不难看到,近十多年来,我国高校来华留学生多数来自发展中国家的同时,来自发达国家和转型国家的留学生数量也显著增多,留学生来源多元化特点逐步显现。从数据上看,留学生总数从2000年的52150人增加到2016年的442773人,增长了7.49倍;生源国从2000年的166个增加到2016年的205个,来自欧洲、美洲等发达国家的留学生人数分别有了8.45倍和5.8倍的显著增长。

表 3-1 2000—2016年我国高校来华留学生来源国家和地区及人数一览表①

年份	来华留学生总数(人)	国家和地区总数(个)	留学生来源洲别(人数)/(占当年留学生总数的百分比)					备注
			亚洲	欧洲	美洲	非洲	大洋洲	
2000	52150	166	39034 (74.85%)	5818 (11.16%)	5144 (9.86%)	1388 (2.66%)	766 (1.47%)	总数同比增长18.6%
2001	61869	169	46142 (74.58%)	6717 (10.86%)	6411 (10.36%)	1526 (2.47%)	1073 (1.73%)	美洲、大洋洲的比例高于2000年
2002	85829	175	66040 (76.94%)	8127 (9.47%)	8892 (10.36%)	1646 (1.92%)	1124 (1.31%)	总数同比增加38.7%
2003	77715	175	63672 (81.93%)	6462 (8.31%)	4703 (6.05%)	1793 (2.31%)	1085 (1.40%)	总数同比减少9.45%("非典"特殊时期)
2004	110844	178	85112 (76.78%)	11524 (10.4%)	10695 (9.65%)	2186 (1.97%)	1327 (1.2%)	

---

① 通过对教育部《中国教育年鉴》2000—2016年"关于来华留学工作数据"整理而获得上述数据。

续表

年份	来华留学生总数(人)	国家和地区总数(个)	留学生来源洲别(人数)/(占当年留学生总数的百分比)					备注
			亚洲	欧洲	美洲	非洲	大洋洲	
2005	141087	179	106840 (75.73%)	16463 (11.67%)	13221 (9.37%)	2757 (1.95%)	1806 (1.28%)	总数增加30243（同比增长27.28%）
2006	162695	185	120930 (74.33%)	20676 (12.71%)	15619 (9.6%)	3737 (2.3%)	1733 (1.07%)	学生数增加21608（同比增长15.32%）
2007	195503	184	141689 (72.47%)	26339 (13.47%)	19673 (10.06%)	5915 (3.03%)	1887 (0.97%)	留学生数增加32808（同比增长20.17%）
2008	223499	189	152931 (68.43%)	32461 (14.52%)	26559 (11.88%)	8799 (3.94%)	2749 (1.23%)	学生数增加了27996（同比增长14.32%）
2009	238364	190	162087 (68%)	35754 (15%)	25503 (10.7%)	11918 (5%)	2622 (1.1%)	学生数增加14865，同比增长6.6%
2010	265090	194	175805 (66.32%)	41881 (15.8%)	27228 (10.27%)	16403 (6.19%)	3773 (1.42%)	非洲和欧洲留学生数增长显著 同比分别增长31.90%和16.7%
2011	292611	194	187871 (64.21%)	47271 (16.15%)	32333 (11.05%)	20744 (7.09%)	4392 (1.50%)	来自非洲和美洲留学生数增长显著,同比分别增长26.46%和18.75%
2012	328330	200	207555 (63.22%)	54453 (16.58%)	34882 (10.62%)	27052 (8.24%)	4388 (1.34%)	总数同比增长12.21%
2013	356499	200	224346 62.93%	61543 17.26%	37047 10.39%	33357 9.35%	4743 1.33%	来华留学生总数增加28169人,同比增长8.58%
2014	377054	203	225490 (59.80%)	67475 (17.90%)	36140 (9.58%)	41677 (11.05%)	6272 (1.33%)	总人数同比增加5.77%

续表

年份	来华留学生总数(人)	国家和地区总数(个)	留学生来源洲别（人数)/(占当年留学生总数的百分比)					备注
			亚洲	欧洲	美洲	非洲	大洋洲	
2015	397635	202	240154 (60.4%)	66746 (16.79%)	34934 (8.79%)	49792 (12.52%)	6009 (1.5%)	总人数同比增长5.46%
2016	442773	205	264976 (59.84%)	71319 (16.11%)	38077 (8.60%)	61594 (13.91%)	6807 (1.54%)	总数增长比例为11.35%

在数量大幅增长的同时，来华留学生的留学类别、层次、学科及专业选择方面也呈现出多元化发展的特征。

表3-2 2000—2012年我国高校来华留学生所学专业人数变化一览表①

年份	总人数	留学生所学主要专业类别及人数										
		汉语类	艺术类	中西医	工科	法学	经济	史学	教育	管理	哲学	理科	农科	文学	其他类
2000	52150	35422	706	5099	1740	1626	1582	728	711	631	432	403	219		
2001	61869	44149	524	5512	1888	1392	1726	630	708	860	211	494	225		
2002	85829	63328	774	6713	2442	1287	2723	1375	948	1036	207	393	267		
2003	77715	53126	918	7184	2693	2053	3091	482	725	1547	175	465	241		
2004	110844	75270	1291	10971	3519	2438	4525	742	992	2838	700	555	298		
2005	141087	86279	1537	18032	4455	2906	6665	755	3236	3555	546	741	380		
2006	162695	98701	2118	20355	5803	3667	7308	904	1730	5954	681	1007	440		
2007	195503	119147	2508	25573	6785	4700	8804	853	1878	8587	680	1411	755		
2008	223499	124574	2835	28651	9128	4688	11335	968	3395	10728	585	9978	699		
2009	238184	136576	2732	32145	11606	4966	14367	1046	2788	12260	628	1417	1018	16635	
2010	265090	146149	—	36165	15130	6147	16863	1301	4473	14920	732	2535	1063		19612
2011	292611	161964	—	38750	18949	6684	18436	1437	5457	18472	775	2360	1490		17837
2012	328330	175676	4371	43516	22596	7296	20819	1380	5361	21873	674	2670	1538		20460

注：2013—2016年数据因故无法获取。

① 通过对教育部《中国教育年鉴》2000—2016年"关于来华留学工作数据"整理而获得上述数据。

表3-3 2000—2016年来华留学生学习类别及人数变化一览表①

年份	（人数/同比增幅）				生源国总数/接受中国政府奖学金国家数	接收留学生机构数量
	奖学金生	自费生	学历生	非学历生		
2000	5362	46788	13703	38447	166/152	346
2001	5841 8.9%	56028 19.75%	16650 21.5%	45219 17.61%	169/157	363
2002	6074 3.99%	79755 42.35%	21055 26.46%	64774 43.25%	175/153	395
2003	6153 1.3%	71562 −10.27%	24616 16.91%	53099 −18.02%	175/163	353
2004	6715 9.1%	104129 45.5%	31616 28.4%	79228 49.2%	178/165	420
2005	7218 7.4%	133869 28.5%	44851 41.86%	96236 21.47%	179/166	464
2006	8484 17.5%	154211 15.1%	54859 22.31%	107836 12.05%	185/167	519
2007	10151 19.6%	185352 20.19%	68213 24.34%	127290 18.04%	188/172	544
2008	13516 33.1%	209983 13.29%	80005 17.29%	143494 12.73%	189/171	592
2009	18245 34.9%	219939 4.7%	93450 16.8%	144734 0.9%	190/174	619
2010	22390 22.7%	242700 10.34%	107432 14.96%	157658 59.47%	194/174	620
2011	25687 14.73%	266924 9.98%	118837 10.62%	173774 10.22%	194/178	660
2012	28768 11.99%	299563 12.22%	133509 12.35%	194821 12.11%	200/184	690

---

① 通过对教育部《中国教育年鉴》2000—2016年"关于来华留学工作数据"整理而获得上述数据。

续表

年份	（人数/同比增幅）				生源国总数/接受中国政府奖学金国家数	接收留学生机构数量
	奖学金生	自费生	学历生	非学历生		
2013	33322 15.83%	295009 -1.52%	147890 10.77%	180441 -7.4%	200/—	746
2014	36943 10.87%	340111 15.29%	164394 11.16%	212660 17.86%	203/—	775
2015	40600 9.9%	357035 4.98%	184799 12.41%	212836 0.01%	201/182	811
2016	49022 20.71%	393751 10.28%	209966 13.62%	232807 9.4%	205/—	829

通过对2000年来高校来华留学生按照经费类别(奖学金生/自费生)和学生类别(学历生/非学历生)划分进行数据分析，可以看到，在2005年中国政府实施"国家奖学金"政策吸引留学生来华学习之后，通过奖学金渠道到中国的学历生人数逐年上升，与此同时，以进修生(非学历生)身份到中国学习语言的人数也呈现出显著上升趋势(如图3-1所示)。

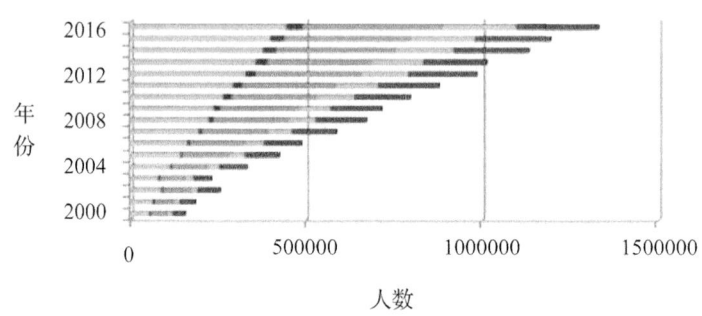

图3-1 2000—2016年来华留学生学习类别及数量变化一览

留学生流向多元化。世界上接收外国留学生的国家越来越多，而且接收外国留学生规模较大的国家也越来越多。尽管世界范围内留学生仍然是主要流向英国、美国、德国等发达国家，但是，转型国家和发展中国家接收的外国留学生也有明显增长。

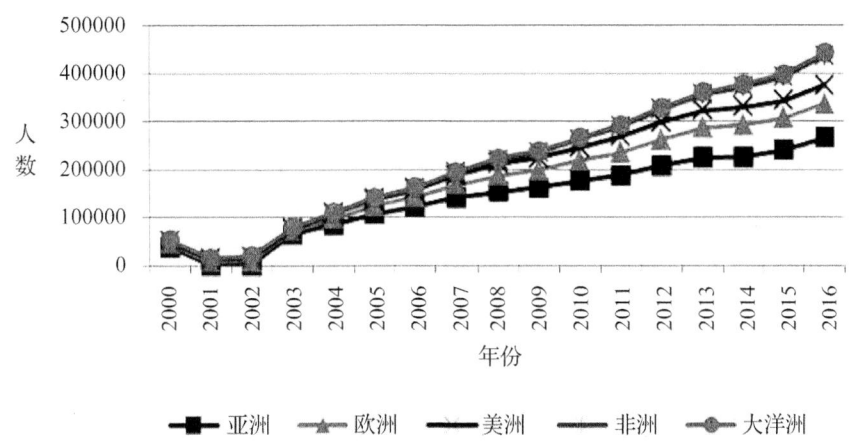

图 3-2　2000—2016 年高校来华留学生来源地区分布及数量变化

留学生留学目标多元化。留学的目标是指到国外高校选学的学科和就读的层次。高等教育的层次包括研究生、本科生和专科生教育，同时也包括学历生和进修生。从来华留学生选学的专业来看，也在不断发生新的变化。

在这样的背景之下，我国来华留学生事务管理工作也应该突破旧有"一元统领、特殊化照顾"的思路与模式束缚，站在高等教育国际化与留学生管理跨文化的战略高度，逐步形成更加开放、多元、包容的新思路和新模式。

3.1.2　"特殊照顾"无法适应留学生规模化激增的需要

当前我国现行的来华留学生事务管理，在管理理念上，突出的是管理者作为教育主体自上而下、绝对权威的信息灌输，强调"社会为本"的价值取向；在相互关系上，管理者与被管理者、学校与学生主要表现为领导与被领导的主从隶属关系和行政管理关系；在管理内容上，侧重对学生学习生活的大力度规范、限制和整体性调控；在组织模式上，采取的是借助行政权力、偏重规范与约束的自上而下的纵向宏观管理。

通过对不同地区不同高校来华留学生事务管理机构的调查发现，通常情况下，我国高校留学生事务管理是块状管理，条块结合，多级设置，突出了综合化。这种运行机制很好地解决了对留学生管理服务的充分覆盖和工作的统筹协调，使留学生工作便于有效组织和协调管理。但是，条块结合的管理机制不可避免存在如下问题：信息传递效率偏低、组织运行成本偏高、对于学生需求反应偏慢、学生工作整体专业化进程偏缓等。

在 BK 大学的访谈中，一些语言进修生谈到了他们遭遇身份尴尬的问题。

> 因为没有同学历留学生一样的正式学籍，不能享受同学历留学生一样的正常待遇，学校很多公共资源不能利用。
>
> 例如，语言进修生如果想要开通图书借阅证，必须收取 220 元一年的押金和 110 元一年的使用费。在留学生看来，这显然是一种不公平待遇。语言班留学生认为学费里面应该包含在校期间的图书借阅费用，而图书馆则规定短期语言进修学生应该另行支付。这就与留学生的理解发生了冲突。
>
> 这不仅仅是一个是否收费的问题，而是从深层次反映了在图书馆与留学生管理办公室两个部门之间制度的冲突。

在访谈中，BK 大学留学生管理办公室的 H 老师告诉笔者：

> 在管理中，留学生群体也因为地域和国籍的不同表现出不同的特征。个体行为特征也存在较大差异。有的学生学习非常努力，具有较强的适应能力与接受能力，他们可以在很短的时间内找到中国学生作为生活和学习向导，进步非常迅速，成绩相当优异。而也有很多学生虽然抱着好好学习的初衷，但是囿于语言和自身能力的限制，学习和生活上都存在较大困难，从而在心理上埋下了厚重的阴影。

出现这样的情况，原本是需要留学生管理办公室的老师想办法加以解决的，然而，由于学校工作人员有限，留学生数量又不断地增加，不能保证管理人员充分掌握每一位留学生的信息，发现留学生思想和学习上的问题，这就造成了很多误解。

作为来华留学生事务管理者，在学校的工作时间毕竟是有限的，不可能实现随时随地和留学生在一起。而学生作为学校生活的主体，他们有足够的时间和精力。在此情况下，不妨选拔一些政治素质过硬，外语能力好、热爱留学生工作并且具备一定交往技巧的中国学生作为留学生宿舍管理助手，以勤工助学的形式，在正常的工作时间之外处理一些留学生学习和生活上的小问题，为留学生答疑解难。比如，设立语言助手，课外辅导助手，生活助手等岗位，一方面解决了国内学生勤工助学问题，另一方面也加强了中外学生的交流。

TJ 大学国际合作与交流处的留学生班主任 G 老师：

刚开始做留学生班主任的时候，国际处只有我和另外一位老师负责留学生的教学管理工作，所有的本科、硕士、博士生都归我管理。最多的时候有700多学生，工作量大，压力大。每天奔波在各个教学楼，坚持到教室点名，掌握学生的出勤情况。更主要的是在与留学生的接触中了解学生各方面的情况。

来自学生的访谈也谈到了同样的问题：

来自美国的留学生施凯告诉我，他在国内的时候是中文专业的学生。那时他可以轻松地找到来自中国的留学生作为交流伙伴。他说，在他们的大学，没有本土学生和留学生的区别对待，没有专门的留学生宿舍或留学生餐厅之类的设施，所有的学生都在一起学习，生活，吃饭，运动，娱乐，所以到美国去的留学生适应美国学校和社会生活的速度要比来华留学生适应中国的速度快得多。管理制度的差异是重要的参照因素。施凯同学特别强调："因为我爱好音乐，并且多才多艺，留学生管理办公室的很多活动，例如留学生文化艺术节的主持任务都会让我来承担，这让我的才华得到了充分的展示，我的内心非常充实。可是，有一些同学，他们没有什么特长，不会唱歌，不会跳舞，不会踢球，不会打篮球，甚至语言水平也不高，在这样的情况下，学校的什么活动他们也不能参加，根本无法融入整个留学生群体与中国学生的交流中。我为他们感到担忧。"事实上，施凯同学的担忧，也正是留学生事务管理者所特别关注并且想要尽力改善的问题。

短期语言进修生顾凝恩（Richer）同学来自美国休斯敦。她在美国读大学的时候经常和一些来自不同国家的留学生一起交流。她说："我们的学校在生活上也不提供统一的住宿，留学生和我们本国的学生一样需要到外面去租住，这就给我们带来了很好的沟通与交流的机会。从生活上到学习上，留学生与本土学生基本上是不存在差别的。"而她在中国的最初阶段，对中国高校的考勤制度很不适应，常常缺课，课程不合她的胃口就不愿意上，对老师的教学方法也常常感到不满意。因为在美国，学生的学习态度和课堂考勤由学生自己负责。而在我国，教师对学生有严格的考勤要求，学生的出勤率是衡量学生学习态度的基本标准之一。

通过上述访谈不难发现，当前我国留学生教育管理中存在的诸如"学生数量增多"与管理人员数量有限之间的矛盾,特殊照顾的管理方式与学生平等开放的要求之间的脱节等问题,实际上也成为目前制约高校来华留学生事务管理发展的瓶颈。

3.1.3 留学生事务管理"越位"与"缺位"并存

(1)高校来华留学生事务现行管理模式概述

通过实地考察、网络查询、电话访问等方式,笔者对北京、上海、江浙、湘鄂、东北、西北、西南等地区30所高校①的留学生事务的管理机构设置及运行模式进行了查询,综合考察后我们可以看到,我国大陆高校留学生事务的管理模式大体分为以下三类:

第一类:设立隶属于学校二级行政机构"国际合作与交流处"②的"留学生管理办公室",③对留学生招生咨询、签证事宜、入学注册、生活服务等日常事务进行管理,并就留学生的课程安排与学校相关部门进行协调沟通。此外,单独成立类似"对外汉语教学中心(汉语言文化学院)"的教学部门,负责学历留学生语言预科阶段的汉语学习和非学历留学生、语言进修生的语言教学与管理事务。清华大学、北京大学、北京师范大学、北京外国语大学、北京科技大学、吉林大学、延边大学、石河子大学、广西师范大学、中山大学、河海大学、中南大学、南开大学等13所大学采用这样的管理模式,占所考察30所大学的43.33%。

第二类:"留学生处"(外国留学生工作处、外国留学生管理办公室)与学校"国际交流与合作处"同级并列设置,负责留学生事务的具体实施,而国际处与港澳台事务办公室合署办公,负责校方涉外事务的归口管理。北京语言大学、复旦大学、同济大学等3所高校采用这样的管理模式,占所考察30所大学的10%。

第三类:学校设立集招生、教学、管理、服务于一体的"国际文化交流学院"

---

① 笔者在请教长期从事留学生管理的专家后,分别选取了我国大陆不同地域具有代表性的30所高校进行分析考察,分别是:1.北京大学,2.清华大学,3.北京外国语大学,4.北京师范大学,5.北京语言大学,6.北京科技大学,7.对外经济贸易大学,8.首都经济贸易大学,9.首都师范大学,10.东北大学,11.吉林大学,12.齐齐哈尔大学,13.延边大学,14.兰州大学,15.石河子大学,16.西安交通大学,17.四川大学,18.广西师范大学,19.山东大学,20.南京大学,21.河海大学,22.浙江大学,23.复旦大学,24.同济大学,25.武汉大学,26.南开大学,27.中山大学,28.厦门大学,29.中南大学,30.湖南大学(排名不分先后)

② 除清华大学外,多数学校的国际交流与合作处和港澳台事务办公室合署办公,负责校方涉外事务的归口管理。

③ 尽管称谓从"留学生处"、"留学生工作处"到"留学生办公室"、"外国留学生管理办公室"、"留学生科"不尽相同,但都行使留学生事务日常管理的相同职能。

(国际学院、国际教育学院、对外文化交流学院),全面负责学校各类外国留学生教育的对外宣传、咨询、招生、录取以及留学生入学后的学籍管理、签证管理、教学教务及日常生活管理。对外经济贸易大学、首都经济贸易大学、首都师范大学、东北大学、齐齐哈尔大学、兰州大学、西安交通大学、四川大学、厦门大学、浙江大学、南京大学、武汉大学、湖南大学、山东大学等14所大学采用这样的机构设置方式与管理模式,占所考察30所高校的46.67%。

从上述统计数据不难看出,设立隶属或独立于"国际交流与合作处"的"留学生管理办公室"来管理来华留学生事务仍然是当前高校普遍采用的留学生事务管理模式,这是由高校学科特点、历史传统、整体管理风格、来华留学生数量与规模所决定的。数据同时显示出,当留学生达到一定规模,为了管理的方便,设置"国际交流学院",将其职能独立于大学的国际处,既负责全校留学生的招生与管理,同时又负责语言留学生的汉语学习。设置单独的外部型组织——国际学院逐步成为高校留学生教育管理领域的新的发展趋势。

总体而言,我国高校来华留学生事务现行管理模式如图3-3所示:

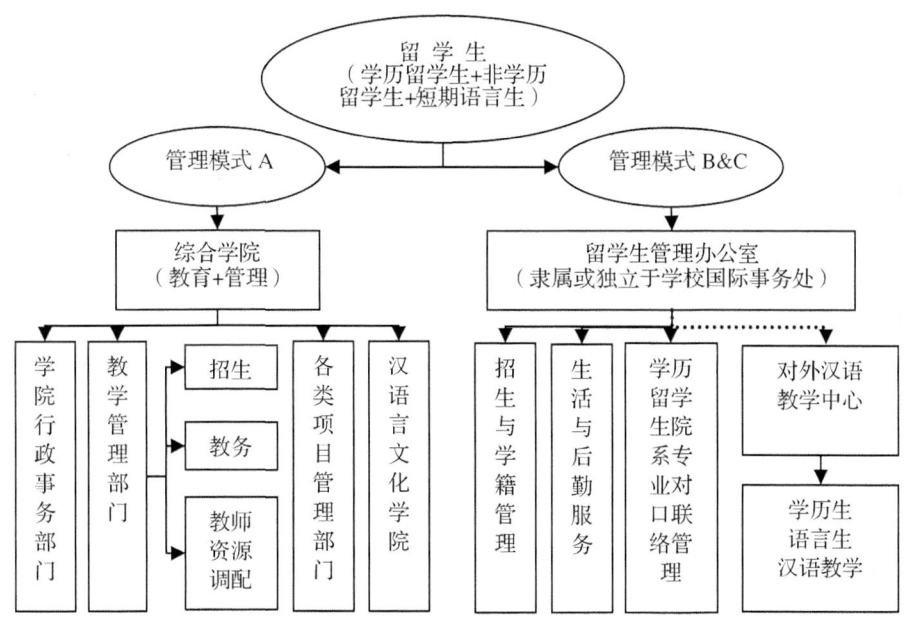

图 3-3 我国大陆高校现行留学生事务管理模式

(2)内部职能型管理模式

通常情况下,在学校职能机构"国际处/外事处"下设"留学生管理办公室"的管理模式是留学生数量不大,规模较小的高校或者是高校在留学生教育事业发展初期时采用的有效管理模式,在管理学上,可以视为"内部职能型管理模式"[1]。在这一模式下,较小规模的来华留学生可以得到从日常教学到生活服务的全方位特别关照,这适应了来华留学生教育管理初期的发展需要,与高等教育国际化初级发展阶段的时代特征相吻合,其机构简单、权责明确的特点在特定历史阶段显示出一定的优越性。

随着高等教育国际化水平的不断提升和留学生规模的不断扩大,内部职能型的留学生管理模式的局限与不足也不断显露。在内部职能型的留学生事务管理模式下,留学生办公室负责留学生的招生、入学、学籍管理和生活服务,教学事务方面往往需要和学校的教务等部门协调沟通。由于信息不对称与资源的不对等,往往出现部门之间沟通脱节导致办事效率低下的现象。

内部职能型管理模式下留学生事务管理工作的重点是用严格的校纪校规来规范、约束留学生行为。这种管理方式一方面由于其以一种强制性态度管束学生,主要用检查、监督的办法规约学生,所以管理的要求很难内化为留学生的自觉行为要求,而且极易引发留学生与管理者之间的误会与冲突,使管理工作的效率大打折扣;另一方面,由于偏重管理,服务学生明显不足。事实上,服务学生、发展学生才是留学生事务管理的根本使命,然而在具体操作上,学校过多地强调了管理,管住学生成了全部工作的内容,而为学生的服务往往流于形式。这一时期的留学生事务管理人员多是兼职人员,往往凭借个人经验行使管理职能,其专业技能和业务素质并不足以为有效的来华留学生事务的管理提供有力支撑。

随着中国高等教育国际化水平的不断提高,这一模式无法满足留学生数量与规模激增的现实需要,高校设立专门的"综合学院"对大规模来华留学生进行专业化的管理成为大势所趋。

(3)外部事业部型[2]综合学院管理模式

第一,综合学院管理模式的特点与功能。

从管理学的角度来看,综合学院型的管理模式采取的是"事业部型"的组织形式。我国高校在逐步取得留学生的招生、管理自主权之后,面对来华留学生数量的不断增加,学校为扩大规模,适应发展需要,整合校内涉及来华留学生教育的各项

---

[1] [美]斯蒂芬·P·罗宾斯,玛丽·库尔特,孙建闽等译:《管理学(第7版)》,278—279页,北京,中国人民大学出版社,2003。

[2] [美]斯蒂芬·P·罗宾斯,玛丽·库尔特,孙建闽等译:《管理学(第7版)》,278—279页,北京,中国人民大学出版社,2003。

资源，集中优势，简化行政运作，成立综合性的国际文化交流学院，任务明确、管理高效、运作简便、资源集中、效益显著就成为综合学院突出特点。

综合学院承担着学校赋予的对全校所有来华留学生的管理职能(包括招生、教务、日常事务)、后勤服务等方面的职责，同时又要完成本院学生的教学组织与各项管理。学校通过对综合学院在学费、留学生宿舍(或餐厅)的经营所得实行独立结算、按比例提成的经济承包激励机制，极大地提高了学院的积极性，留学生教育的规模和效益有了迅速发展。

第二，综合学院管理模式的局限与不足。

作为与学校其他二级学院平行的教学学院，综合学院除了教学任务之外，还兼具一定的职能部门的功能，这种运动员兼裁判员的双重身份，在为其带来极大便利的同时，也使其处于尴尬境地。综合学院规模通常较大，下级部门很多，行政方面包括了学院行政事务部门、招生部门、留学生日常事务部门、各类项目管理部门、汉语言学院事务部门等；教学方面，除了满足汉语专业相关的学位生教育的正式师资人员与科研人员外，还包括了大量来自校外的兼职人员，使得学院教职员工构成极其复杂，很难实现管理与教学上的协调一致。综合学院与学校其他职能部门如国际处、教务处、研究生院、学生处、后勤部门之间存在着工作职责上的重复与交叉，这种结构性问题的显现，造成了管理上的越位与缺位并存，极易出现相互之间推诿扯皮现象，机构重复设置，权责归属不清，难免导致资源浪费，不利于学校整体管理水平的提升。

此外，由于受到来华留学生生源的限制，以及短平快地追求扩大数量和提高部门的经济效益，同时又要便于管理，综合学院往往以大量吸引和招收汉语及少数专业的来华留学生和举办汉语短期班为主，忽略了其他平行学院各专业、各类留学生的发展，导致学校在留学生数量和规模不断扩大的同时，留学生层次却无法同步提升，甚至下降。这对于高校来说无疑是浪费了优质的教育资源，且无助于达到以提高留学生所占比例来实现国际化办学的目标。

作为学校的二级学院，国际学院在职能上强在对学院内留学生的教学与日常管理，却弱在对学校留学生教育发展工作的全局把握与动态协调。综合学院的模式难以协调与整合学校各职能部门、各学院的资源来推进学校各学院与专业及各层次留学生教育管理的整体发展。同时，绝大多数留学生集中于一个学院，无法实现校园国际化氛围的营造并提供在校中外学生跨文化交流的机会。曾经一度收效显著的综合学院管理模式在实践中也遭遇了发展瓶颈。

3.1.4　管理者能力素质与实际需求存在差距

在当前我国高校留学生事务管理实践中，管理人员还被广泛地称为"留管干部"（留学生管理干部），笔者认为这是欠妥的。①干部是一个管理者，是一个组织或团队中的领头人，带领大家去完成目标的人。

在此层面上，"干部"更多地被理解为一种政治身份，在留学生事务管理领域，显然不适合用"留学生管理干部"一词简单概括全体管理人员。从更专业的学生事务管理角度来看，应该转变观念，与时俱进，改变旧的提法，以更客观、更科学的"留学生事务管理者"替代之。

(1)留学生事务管理者缺乏对自身角色的科学性认知与精确定位

第一，留学生事务管理者的角色定位。管理者自身不能始终以"干部"自居，否则会使整个工作系统出现指导方向上的偏差。教育的目的是培养全面发展的学生，而管理的任务就是为实现学生的全面发展而服务，一旦打上"干部"的烙印，留学生事务管理者就会从内心深处远离"平等、沟通与服务"这一核心理念，代之以"权力、命令与服从"，这是与教育、管理的初衷背道而驰的。因此，留学生事务管理者要对自己在整个管理过程中不同阶段的角色有清醒的认识。

专业的留学生事务管理者应该具备教育者、领导者和管理者的职能。作为教育者，必须行使管理院校的职能，并积极坚定地投入到促进个体和社区发展的工作中。作为领导者，则必须要从人力、物力、财政环境中整合资源，帮助学生在思想、身体、性格方面取得发展。作为管理者，又必须时刻监督各种资源的使用状况，确保实现组织机构的目标。

第二，留学生事务管理者的知识结构。留学生事务管理是一项综合性的系统工程，整个管理过程涉及政治、经济、文化、管理、语言、心理、外事等多专业、多门类、多学科的知识。这就要求留学生事务管理者具备更多样、更合理的知识结

---

①　"干部"一词，在1539年第一次出现于法国大作家拉伯雷的作品中，借用意大利语的含义，指方框，后转义为一定的场所、环境；后转为指作品的各部分安排；后又指领导一个军团的军官。之后，又指官方或企业中的高级人员。再请青年干部和所有干部。在我国，干部是一个外来词，是从日文中借过来的，其含义是指在国家机关和公共团体中起骨干作用的人员。1922年7月，中国共产党第二次全国代表大会制定的党章中，首次使用了"干部"一词。从此以后，在党和国家机关、军队、人民团体、科学、文化等部门和企事业单位中担任一定公职的人员都称为干部。党的十二大党章明确指出："干部是党的事业的骨干，是人民的公仆。"这是对我国干部本质特征所作出的科学概括，也是区别于任何剥削阶级官吏的根本标志。

构。否则，单一的知识结构和管理方法会使整个留学生事务管理过程单一、单调、刻板、僵硬、缺乏灵活性。

第三，管理者的专业化水平不高，知识结构有待拓展，学历层次不能达到管理实践要求的水平，管理方式方法过于陈旧，主要是依靠经验进行管理，留学生服务工作中还存在着许多主观臆断的东西，没有先进的专业理论做支撑。

实践中的诸多问题反映出留学生事务管理者的知识结构、年龄结构、性别结构、学历层次均有待进一步的调整与提升。虽然实践经验不可忽视，但是，如果有先进的专业理论基础作支撑，则能更好地促进留学生事务管理工作整体水平的提高。上述问题得不到妥善解决，将会直接制约留学生事务管理水平的整体提升。因此，在人员调整上，应该选择具备更高理论层次的管理学相关专业的硕士、博士来充实到留学生事务管理工作的一线。整体而言，他们因为接受过理论的系统学习从而具备更强的接受能力与持续不断的学习能力，在面对新事物时能够迅速理解、内化并与自身知识结构相融合，并通过一定的方式将自身的能力展现出来，赢得同学们的认可与信任，更有效地推动工作的顺利进行。

此外，因为有扎实的科学理论作基础，高学历的管理者在从事管理工作的同时还可以进行学术上的探讨与研究，有意识地发现管理工作中存在的问题并寻求问题的"诊断性"、"对策性"思考，从而实现留学生事务管理工作理论与实践的良好结合与整体推进。

（2）留学生事务管理者的管理水平与实践要求存在差距

目前国内高校的留学生事务管理部门在人员选聘上存在着一定问题，主要体现在以下方面：

其一，缺乏职业化的人员聘任制度。一般高校习惯用留校研究生、本科生充实留学生事务管理队伍，尽管有公开招聘、组织推荐等方式，但对于选聘人员是否具有相关学科基础与工作技能却缺乏明确的标准和程序。留用的留学生事务管理者没有经过相应的专业培训或培训不规范就上岗工作，有些工作人员由于不具备岗位所要求的专业知识和技能而无法完成任务，甚至给工作对象造成消极影响或耽误工作进度。

其二，缺乏常规的人员从业培训体系以及成熟的人员管理体系和健全的奖惩机制。大部分高校都制定了留学生事务管理的考核条例，但是由于缺乏科学的判断，对工作绩效缺乏合理的考核依据，直接导致留学生事务管理者对从事本职工作归属感的缺失。

人员配置方面的问题，主要表现在以下方面：

第一，管理者的专业化水平不高，知识结构有待拓展，学历层次不能达到管理实践要求的水平，管理方式方法过于陈旧，主要是依靠经验进行管理，没有先进的专业理论做支撑。

从中国高校留学生事务管理的实际来看，多数高校的留学生事务管理者所具备的能力与实践要求相去甚远。笔者通过对不同地区具有代表性的四所不同高校①(BY大学、BK大学、ZJ大学、TJ大学)的调查发现，四所高校从事留学生事务管理工作的61人(其中，BY大学15人，BK大学7人，ZJ大学23人，TJ大学16人)中，有55.74%的管理者是本科及以下学历水平，24.59%的管理者是理工科专业的本科留校学生，54.1%的管理者是外语等语言相关专业，具有管理学、行政管理学专业背景的管理者仅占13.11%左右。这样的知识结构成为制约管理水平进一步提升的瓶颈。

四所高校来华留学生事务管理人员知识结构与学历层次整体构成情况见图3-4，图3-5。

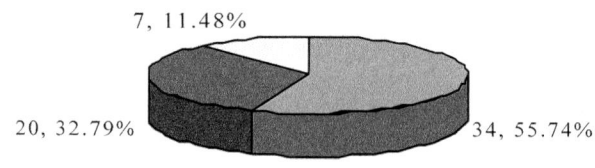

图3-4　四所高校留学生事务管理人员学历层次整体构成

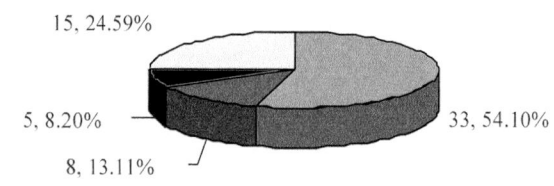

图3-5　四所高校留学生事务管理人员专业次整体构成状况

---

① 鉴于对高校的实际影响，本文中凡涉及高校名称之处，均用代码表示。

第二，从留学生事务管理人员的年龄结构层次(见图3-6)上来看，管理人员年龄结构分布不均，呈现两头大、中间小的两极分化态势，新老交替工作形势严峻。这样的年龄结构致使管理者内部常常出现信息沟通与交流脱节的现象，整个管理过程刻板僵硬，缺乏活力与创新。

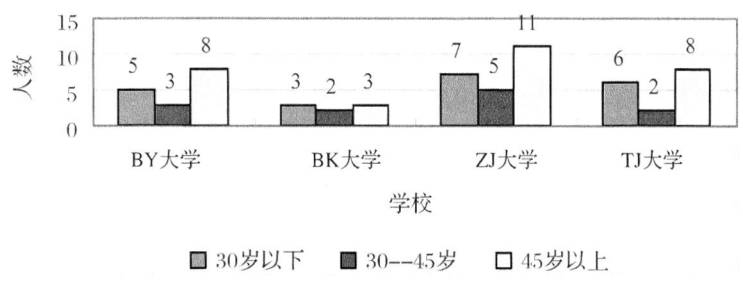

图3-6 四所高校来华留学生事务管理人员年龄层次

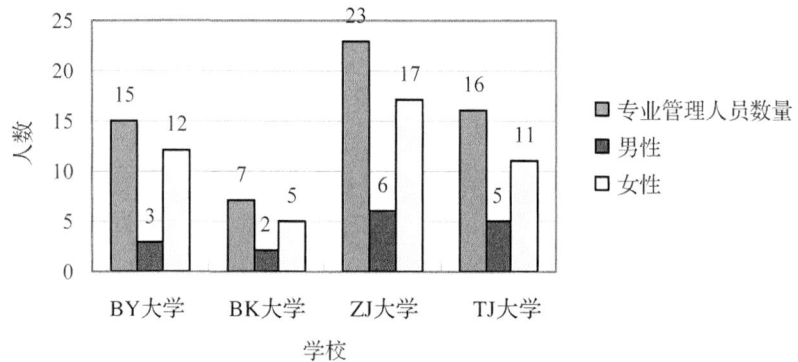

图3-7 四所高留学生事务管理人员性别比例情况

第三，从人力资源管理角度来看，一个机构的人员配置须坚持合理的性别比例，这是营造轻松和谐的工作氛围，充分发挥人力资源潜能的关键所在。然而，多数高校的留学生事务管理部门并没有实现科学的人员配置(见图3-7)。

实践中的诸多问题反映出留学生事务管理者的知识结构、年龄结构、人员性别结构、学历层次均有待进一步的调整与提升。虽然实践经验不可忽视，但是，没有先进的专业理论基础作支撑，留学生事务管理者专业化水平的提升必然受到限制。

留学生事务的一线管理人员同时又兼任语言班的授课老师，这给学生的管理工作带来了诸多问题和不便——上课时间与业务办理时间相冲突，学生来办理事务时却因管理人员不到位而耽搁很久，这又加深了学生对管理工作的不满。因此，对管理者角色进行科学认知并提高其能力素质，也是留学生事务管理不可忽视的问题。

3.2 多元化时代背景下留学生事务管理的变革期待

我国高等教育国际化水平的不断提升,吸引了越来越多的外国留学生来华进行长期学历学习、短期语言学习或访问学习,留学生的数量近年来呈现出规模化激增的趋势。变革留学生事务管理模式需要针对留学生群体多元化的特征,打破旧的教育资源分布格局,突破滞后的管理理念,积极借鉴先进的跨文化管理理论,在多元化的时代背景下,实现留学生事务管理模式、体制机制的科学化变革。

留学生来到中国,经历过一定阶段的新鲜好奇之后,面临的一大难题就是如何尽快适应中国的环境和完全不同于其国内的生活。特别是在最初阶段,囿于语言不通,信息不畅,不能与中国老师和学生进行正常的交流与沟通,难免会在心理上产生极大落差,以致引发不良情绪和行为方面的冲突。这种冲突首先表现在留学生社会交往方面。其次,表现在负责留学生事务的管理职能部门和留学生之间的管理与被管理的关系上。再次,表现在教与学的关系上。中国的教学方法和理念与留学生在本国接受的往往存在非常大的差别。

美国人类学家奥博格提出"文化休克"的概念,用以说明一个人进入到不熟悉的文化环境时,因失去自己熟悉的所有社会交流的符号与手段而产生的一种迷失、疑惑、排斥甚至恐惧的感觉。当一个长期生活于自己母国文化的人突然来到另一种完全相异的新的文化环境中时,其在一段时间内常常会出现这种文化休克的现象。来华留学生在公共环境、日常生活、教育管理、人际交往适应方面普遍存在困难,无法适应学校"家长式"的严格管束,这就是通常意义上所面临的由文化休克引发的"跨文化适应"问题。跨文化的适应是每一个来华留学生必须经历的阶段和过程,许多问题就是在这一过程中凸显出来。

3.2.1 文化休克引发留学生心理亚健康问题

来华留学生初到中国,由于社会制度、文化背景、思想观念、风俗习惯的差异,会因为失去原来熟悉的文化环境而在生理、心理、学习、生活中产生诸多不适,也会因为无所适从而引发抑郁、孤独无助等负面情绪。他们常常会感到自己没有受到足够的重视而苦恼失意,因为无从诉说而长时间沉浸在浓重的乡愁情绪中无法自拔,严重的甚至引发心理、生理疾病。还有很多留学生因为在情感上受到极大冲击而逐渐走向孤僻,对这种异质文化环境极为厌恶和排斥,以一种愤愤不平的态度审视中国社会和中国文化。

美国文化人类学家卡尔维罗·奥博格用"文化休克(Culture Shock)"一词描述这种"突然失去所熟悉的社会交往符号和特征,对于对方的社会符号不熟悉而产生的一种突如其来的忧虑和无所适从的深度焦虑,就像突然离开自己生长的文化茧壳一样的一种很不舒服而且不适应的感觉"。人们习惯认为文化休克是负面的、消极的经历。但实际上,它是个人在文化系统中开始发生转变的起点。奥地利人本心理学家阿尔弗雷德·阿德勒(Alfred Adler,1975)在《文化休克与跨文化学习经历》一书中指出:"文化休克是一种深刻的学习经历,导致较高程度的自我意识和个性成长。不应该把文化休克看作是一种疾病,把对异质文化适应看作是'病愈',应当把文化休克看作是跨文化学习经历的核心。"[1]

初到中国的留学生往往会因为文化休克产生的种种心理不适而把自己封闭起来,拒绝和同胞以外的人进行沟通,这让留学生事务管理者无从准确探知其内心的真实情感和生活上的真正需求,给留学生事务的管理工作带来了诸多困难和问题。因此,来华留学生事务管理者应该密切关注并帮助留学生正确认识文化休克现象,帮助他们及时消除情感上和心理上的障碍,避免不良的心理倾向在留学生群体中蔓延。

3.2.2 公共环境差异导致留学生生活交往困惑

第一,在来华初期,留学生普遍不能适应中国的饮食和日常生活习惯。

留学生常常抱怨中国的饮食过于油腻,在外出打车时遭遇黑车困扰,购物时被小商贩欺骗,甚至在有些时候遭受异样的眼光。有学生对少数中国人在冬天为宠物穿上御寒衣物的现象感到诧异。[2]还有学生对中国男性见面时相互敬烟的做法极其不解,他们说:"明明知道吸烟有害健康,人们在见面时还这样做,真不知道这是为什么。"这些现象足以说明留学生在来华初期对中国文化的了解还不够充分,在此情况下,需要留学生事务管理者的积极配合,扮演好留学生来华初期生活导师与文化引路人的角色。

---

[1] Adler, N. Culture shock and the cross-cultural learning experience, in L. F. Luce and E. C. Smith (eds) Towards Internationalisation, Cambridge MA: Newbury House. 1975

[2] 来自德国亚琛工业大学的短期交流研究生雅恩在访谈中告诉我,他不理解为什么主人要给宠物狗穿上五颜六色的衣服,他们本身长着厚厚的皮毛,足够抵御冬天的寒冷。这样做仅仅是为了好看还是因为其他的原因呢。

第二，留学生不能理解中国人的思维模式和行为方式。

在多数留学生的文化传统中，直来直去、直截了当地表达自己的意见是惯常的做法，他们认为中国人总是喜欢拐弯抹角，不干脆，不能说到做到，常常会把中国人为人处事的委婉和含蓄误解为虚伪与口是心非。

  来自德国的留学生古林思在有关"中国人印象(The first impression of Chinese)"的访谈中谈道："刚到中国的时候，有一个中国朋友曾经对我说'下次我请你吃饭'，可是我等了很长时间，这期间和他见过好几次面，他却再也没有提到要请我吃饭的事情。我想他不是忘了，因为我提醒过他，可是他还是说'下次'。如果他不想请我吃饭，为什么要说请我呢？我觉得他是在欺骗我，我很失望。"

类似的经历让留学生对身边的人充满了警惕，他们觉得在这种新的文化环境里人与人之间缺乏基本的信任，无法进行正常而真诚的交流。实际上，案例中这位留学生朋友如果经过一定时期的了解与适应，认识到"下次我请你吃饭"是在特定情况下出于礼貌的客套话，是礼仪文化在特定情境下的外现，并不是说话者的真实意愿和实际行动的确切表达，在日常交往中也就不会出现类似的误会了。而这种适应无疑需要经历长期的价值观念、心理与行为方式的持续调适。

3.2.3 语言障碍影响来华留学生的学术参与

留学生来华之初，心理上和生活中的不适都会成为影响学习的直接或间接因素。"掌握汉语工具是留学生学好专业的首要条件"，[1]留学生在学习上最大的困难莫过于语言交流上存在障碍。语言上的困难不仅阻碍着留学生的日常生活，而且影响到他们的学习兴趣、学习效果和学术参与。语言不通是短期进修生群体中最突出的问题之一。尽管"中国政府奖学金留学生"[2]在进入专业课程学习之前会进行一年或者两年的汉语预科学习。然而，调查结果却不容乐观，虽然这些学生已经有了一定

---

[1] 于富增：《改革开放30年的来华留学生教育》，85页，北京，北京语言大学出版社，2009。
[2] 2006年3月，中国政府正式实施"中国政府奖学金"制度。根据中国政府与外国政府或国际组织达成的协议或计划，中国政府奖学金由教育部负责对外提供，并委托国家留学基金管理委员会(Chinese Scholarships Council，简称CSC)具体负责享受中国政府奖学金来华留学的外国学生的招生及日常事务的管理工作。制度规定，获得中国政府奖学金的留学生"汉语水平达不到学习要求者，可安排最长不超过2学年的汉语补习"，以保证留学生专业课程的正常进行。

的汉语基础，但是与专业课的汉语要求还存在一定的差距，不足以保证留学生进行深入的专业学习。留学生在"汉语水平与专业课学习状况"调查问卷中的反应令人担忧，某高校参与问卷调查的150名政府奖学金留学生中，60%左右的人认为"我的汉语不太好。留学生的专业课程太难"。20%的留学生感觉"我的汉语水平不错。专业课不太难，能够理解，但是内容过于单调陈旧，一点也不适用"。10%的留学生认为"我的汉语水平很差，专业课很无聊，听不懂，不喜欢。"还有10%的留学生的回答是"不知道，没感觉"。

  有学生专门在问卷上写道："我对中国传统历史文化很感兴趣，可是，学校没有为我们设立专门的中国历史课，也没有专门针对留学生的通俗易懂的课外读物和光碟。课堂的时间非常短暂，老师只是在简单地讲解，没有视频帮助我们加深理解，觉得学的东西越来越难。我对在中国的学习越来越没有信心了。不知道该怎么办。"①

留学生这样的反馈让我们不得不重新审视当前留学生汉语水平对专业课程学习状况的影响。怎样提高留学生汉语水平、改善课程设置、改变教学方式以提升留学生学习的兴趣与学术参与热情，成为留学生教学与管理中不得不进一步关注的问题。

3.2.4 留学生对高校学生事务管理理念与方式的理解存在偏差

  在中国传统的价值观念中，历来强调集体主义的重要性，强调群体依存，在集体行动中，强调团体行为的一致性；强调尊师重教，认为"严师出高徒"、"一日为师，终生父母"。在学校教育与管理中，作为老师，对学生要求越严格，意味着对学生的关爱程度越深，而且，这种严格管教不仅仅要体现在学习上，在生活方面也要加以约束。然而，在留学生们既有的文化传统与价值观中，特别是来自欧美的学生大多信奉个人主义的价值观，团体意识与集体观念淡薄，纪律性差，更强调个人

---

① 该问卷结果来自高级汉语班的一位比利时学生，调查问卷进行的时候，恰逢他们在课堂上学习精读课"林黛玉进贾府"。书上是密密麻麻的文言文字，没有一幅图片，也没有相关影音视频辅助教学，这给留学生对课文内容的理解带来了很大的困难和压力。

权利和自由,①他们不喜欢被管束,更加注重个人的探索与体验。②在处理与他人、与集体的关系时,更加推崇个人的价值。他们更多地把留学生事务管理者的管理工作看作是为他们提供的服务,在此意义上,这种服务应该是充满人文气息的呵护与关怀,而不是把法令制度当教条的命令与支配。在这个过程中,管理者与学生在地位上应该是对等的。如果管理者的态度不好就会被视作不负责任,被认为是因为个人原因影响到工作,是与西方社会"公私分明"的价值观念相悖的。

事实上,由于学生事务管理人员有限,留学生数量又不断地增加,管理人员无法在短时间内充分掌握每一位留学生的信息并保证每一件事都能够完全达到留学生的要求。来华留学生事务管理者往往承受着巨大的工作压力,他们不能确保自己在每时每刻都为留学生提供满意的服务,偶尔无意间的失误就会被留学生认为是常态而被无限放大,留学生与管理者之间的误会因此一步步加深。

诸如此类的交往困惑比比皆是。由于价值观念与文化传统的差异,留学生在对中国的认识上存在先入为主的主观臆断性,客观上难免存在一定的偏差。来华留学生事务管理者应该充分认识到这一现象的合理性,在工作中因时制宜地对其进行及时的解释、纠正与引导,以避免误会的产生。否则,这些偏差带给他们的交往困惑将会越积越深,直至影响到他们对中国实际全面客观的认识。

通过与近 80 位不同国家与地区来华留学生进行深入交流与访谈,笔者发现,留学生大多不能理解现行的管理模式:

> "我想要和中国学生交朋友,可是却没有那么多的中国学生可以和我们真正地进行交流","我不想被禁锢在留学生自己的小圈子里,可是中国学生似乎对我们不太满意","我是黑皮肤的非洲留学生,常常会感觉遇到歧视和遭受偏见,我不能理解","一到周末或是没课的时候,我只能去很远的地方到别的大学找到我们的同胞,不然,我真不知道怎么一个人度过漫长的周末","在中国我很孤单,我们完全被隔离在中国学生的群体之外,周围的人都是留学生","一下课老师就会很快地离开,很多不懂的问题也不知道怎么去问老师,老师和我们的交流太少了","我真的希望和中国学生的宿舍在一起,那样的话每天可以和他们用中文交谈,也可以去问很多不明白的问题"……

---

① 来自留学生事务管理者的访谈结果表明:很多留学生对放假前向办公室或班主任报告自己的假期去向非常反感。他们认为这是个人隐私受到了侵犯。而留学生管理人员却是出于对留学生负责的初衷而做出的这样的决定与安排。无形中却造成了二者之间的误会。

② 徐为民:《来华留学生教育的理念与实践》,36 页,杭州,浙江大学出版社,2011。

留学生在课堂内外的观察之细致让人惊叹，而他们遇到的疑问有时也总会让人感到无所适从。如果能够及时加以正确的解释与引导，他们的不解就会很快消释，一旦不能得到合理的答案，他们的不解就会越积越深，甚至影响到留学生对我国社会现状的整体性判断。而这样细微的工作也恰恰是留学生事务管理工作者目前所欠缺的。

此外，当留学生事务管理者出于严肃学风的考虑，要求留学生如果不能上课应该向老师请假，外出长途旅行应先告知所去的时间、地点，公寓内不能豢养宠物，以及定期抽查宿舍卫生等，出于安全保护意识在将要放假的时候要求学生向留学生办公室提供假期的活动安排以及联系人、联系方式等，在中国学生看来是教师关心学生、认真负责的表现，在他们看来却认为这是在侵犯他们的隐私，因此表现出极其强烈的不解与反感。

上述种种以"特殊照顾"为主要特征的"特殊化"管理模式在实践中显现出的诸多不足与弊端，显然已经无法适应高等教育国际化发展的需求，无疑迫切需要在探寻新的模式的道路上实现重要突破。管理者虽然已经意识到了问题的存在并且在管理方式方法上有了新的尝试，但是还没有从根本上完全实现理念的转变与创新，"多元化"、"跨文化"的基本理念还有待进一步深化。

留学生作为高校学生主体中一个特殊的群体，其管理过程在遵循学生事务管理一般规律的基础上，又有着自身独有的特点。针对留学生群体本身与国内学生群体的差异性，高校留学生事务管理部门应该有一套独具特色的管理理念、体制机制、方法模式。

跨文化管理本身不但具备管理的各种特点，由于管理对象的多元化特征，使得来华留学生事务的跨文化管理具有了不同于企业与其他管理领域的特殊性——时刻关注并强调用文化差异意识引领管理全过程。这是留学生事务跨文化管理的核心与关键。

4 国(境)外高校学生事务管理的实践及其启示

近年来，对国(境)外高校学生事务管理的研究日益兴起，这并不是妄自菲薄，照抄照搬，而是要在研究学习国际上有益做法和先进经验的基础上，积极探索，大胆创新，区别对待，从而找到一种在实践领域具有普适性的方式为我所用，提高我国高校来华留学生事务管理的科学化与国际化水平。

事实上，由于国外高校在对留学生的管理上并没有像中国一样，将其看作是一个特殊的群体，设立专门的机构进行包括衣食住行学全部生活在内的全方位管理，而是强调"同一性管理"。因而，其在学生事务管理领域的相关经验可以为我们所借鉴。

本章通过客观介绍英美、欧洲大陆高等教育区、中国港台地区高等学校在学生事务管理领域的相关实践和经验，在立足我国实际的基础上加以调整和改进，以期实现为我国大陆高校在留学生事务管理理念的转变、机制的调整、管理模式的构建、人员素质的提升诸方面提供一定的启示和帮助。

4.1 英美高校学生事务管理的实践及其启示

鉴于英国教育发展的水平与地理位置的特殊性，以及在国家发展与教育政策上与美国之间的历史渊源，针对学生事务管理领域的问题，我们将其与美国结合在一起进行研究，这是一种学界长久以来形成的习惯做法，本文沿用之。

4.1.1 英国高校学生事务管理实践概述

英国的高等教育迄今已有八百余年的历史，历来以其历史悠久、质量优异、管理严谨而享誉世界。作为高等教育的重要组成部分，留学生事务的管理工作自然可以在其长期发展特别是"建立世界一流的高等教育体制"进程的丰硕成果中得到展现，并吸引着来自世界各国高校在该领域关注的目光。

英国高校学生事务工作人员因其分工明确、职责明晰而著称，往往只负责有关学生某一方面的工作，如学生就业辅导或心理咨询等，由此带来他们在某一方面的工作得到加强和深化，向着更为专业的方向发展。在选人的入口关，英国高校就十分重视相关的专业素质。除应用计算机的基本技能、与人的沟通能力、与人合作的意识和能力及学历背景等通用素质要求外，还有明确的专业素质要求，主要是各部门职位所要求具备的相应素质。

英国的高校学生事务管理在实践中并没有对国内学生和留学生做出特别明确的区分和区别对待，在长达数百年的实践中逐步形成了独具特色的基本特点，我们主要从以下这些典型的做法中得到启示。

第一，崇尚"以人为本"，弱化管理，强调服务和支持。

英国法学家亨利·梅因认为，历史的进步表现为个人依附解除的过程。英国的大学很好地履行着这样的基本原则，在大学中，学生并不依附于学校，从而在日常工作的各个方面体现着"以人为本"的工作理念。

这种理念在工作中具体表现为尊重学生，了解学生，充分发挥学生的主体作用，弱化管理，强调支持。

学生事务管理者将学生视作独立的成年个体，学校各部门与学生之间是一种平等的关系。学校有责任为学生创造学习的条件，提供高质量的服务。学生事务管理部门能够深刻认识到学生个性与需求是多样化的，因而注重了解学生的多元化发展要求，根据学生的需要来确定服务的内容和形式，进而加强工作的针对性，提高服务质量。一般的英国大学的章程均明确规定，在学校的领导管理机构，均有学生会的代表参加，保证学生在学校的决策过程中发挥作用。在英国的大学学生事务管理部门的文件中，很少能看到"管理"这一用语，而是以"服务"、"支持"、"指导"、"帮助"等代替。

第二，依法行事，强调"规则"与"平等"。

依法办事在英国大学学生事务管理中起着十分重要的作用。一方面，学校在制定与学生事务管理有关的规章制度时会考虑到相关的法律规定；另一方面，学校在处理学生事务中遇到的同法律相关的问题时，会转入司法程序，不会用行政手段去进行处理。在处理学生事务时，学校及其相应的部门能够明确界定工作职责，仅就工作内容承担相应的有限责任。这一点尤其值得我国留学生事务管理借鉴，因为在相关制度建立成熟之前，我国高校的留学生事务管理一直没有摆脱国家教育管理部门"行政干预"的影子,依然没有完全从"以人治校"的传统中摆脱出来,以致高校在很长一段时期里都没有相对独立的教育管理自主权,成为高等学校国际交流与留学生事务管理发展的制约因素。在我国来华留学生教育管理事业近70年的发展过程中,改革开放前的30年一直处于摸索阶段。

英国高校在有关学生事务管理的各种规章制度的制定中,法律是基础,充分体现公正、平等的原则。2004年,英国雷丁大学出台的一项关于"机会均等"的政策就表明"学生不会因为他(她)的性别、性取向、婚姻状况、父母地位、种族、肤色、民族、宗教、国别、政治信仰,是否是何种组织的成员,是否残疾而受到不公的待遇",并且"不会因为年龄的原因而得不到公正的、受到良好教育的机会"。

第三,发挥学习导师与生活导师的作用,促进学生事务管理与学术事务密切联系。

在英国的大学中,学生事务管理人员的配备往往非常注重学生事务和学术事务[①]的密切联系。一般由非专职的副校长负责学生事务,在院系还聘请一定数量的教师或教授担任学生的"导师(tutor)",其中"学习导师"专门负责辅导学生的学习,解决他们在学习中遇到的疑难问题;"生活导师"则专门负责解决学生在学习之外遇到的困惑与问题。这种类似于我国高校中班主任制度的"导师制"的实行,使得学生与老师之间有了密切沟通与联系,从而拓宽了视野,激发了学生的创新能力。同时,学生事务管理部门还与教师密切合作,在学生的专业学习过程中强调学生的各种学习能力,注重理论与实践的结合,开展专题项目研究。另一方面,在学生的专业学习中锻炼学生的自信心,培养交际能力、管理能力,树立团队意识。

英国高校学生事务管理的机构设置方面,均没有将"国际学生"(在我国称为"来华留学生")日常事务的管理与其国内学生的管理部门有所分隔,而是一种"趋同化"的管理模式。一般大学设有学生服务中心,负责管理除教学以外的全部学生事务。中心下设若干个职能办公室,内容涵盖了学生规章制度的制定、招生管理、学生档案管理、考试管理、学生职业规划等事务。学生服务中心设有一名主任,直接向大学校长负责。服务中心的职能办公室通常直接为学生提供服务,实现对学生管理。只有涉及学院、部系的学生事宜,服务中心办公室才同院部取得联系,最终由学生的个人导师协助院部与学生完成相应事宜。服务中心在大学的学生事务管理直接面对学生,其工作不仅仅是宏观上的决策与指导,更多的是直接的参与,是管理主体的重心。

---

① 笔者认为,广义的学生事务应该包含教学、科研、考试等学术相关事务与生活服务、课外活动、职业发展等非学术事务在内的学生在校学习与生活所有相关活动,具体而言,应包含教育、管理和服务三个领域。

英国大学的这种管理模式(图4-1所示)减少了管理层次,缩短了管理跨度。学生服务中心办公室的工作人员要直接面对全体学生,工作量很大,要求他们对工作内容要十分熟悉,要有很强的专业性。

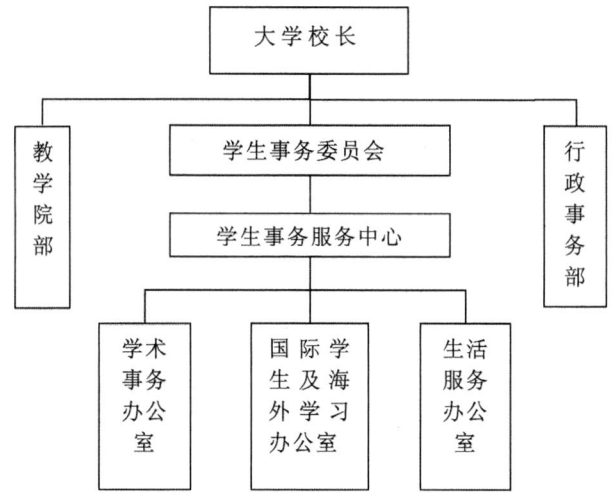

图4-1 英国高校学生(国际学生)事务管理组织结构①

从图4-1可以清晰地看到,英国高校学生事务服务中心包含了对留学生事务管理的内容,这是英国一贯的传统,并没有刻意将留学生区别对待,这一点上,与美国以及欧洲高校是一致的,这种"一视同仁"的做法彰显了欧美文化传统中注重"公正、平等"的理念,在高校留学生事务管理实践中是值得我们学习与借鉴的。

第四,学生事务管理人员专业,运行规范。

在英国高校中,从事学生事务管理的工作人员由于直接面向学生,提供学生在校期间从学习、生活到就业等各项服务,通常根据不同部门和岗位需要具有相应的专业学位与职业资格和工作经历,一般是专兼职相结合,专业化水平很高,同时还具备丰富的工作经历与学科背景,值得指出的是,管理人员间的等级观念较弱,在工作中一般坚持"事务至上"的原则,其服务的专业化、规范化、个性化特点突出,特别注重尊重、关爱学生,满足学生需求,维护学生利益。多数情况下,视上门咨询或求助的学生为"客户",积极为其分忧解难。这些职员当中不少人具有在企业工作的经历,因而具有较强的服务意识和市场意识。基于其服务的专业水准与良好态度,英国高校的学生服务中心及其工作人员普遍会受到学生的欢迎,在面向学生的

---

① 冯刚,赵峰:《走进英国高校学生事务管理》,33—35页,北京,中国人民大学出版社,2007。

调查中，学生给予很高的评价。

这一点对中国学生事务管理者，特别是留学生事务管理者而言，是尤其值得学习的。我国的留学生教育管理事业由于起步晚，起点低，发展缓慢，再加特殊的政治经济因素的影响，导致在工作中常常出现管理者与学生之间关系不和谐的现象发生，究其原因，仍在于长久以来留学生"特殊化"保姆式管理模式的深刻影响。

总体而言，英国高校学生(国际学生)事务管理的基本特征在以下方面体现出来：在管理理念上，注重"以人为本"，包括尊重(Respect)、服务(Service)、规则(Regulation)、平等(Equal)、自助(Self-service)、信用(Trust)等要素。管理体制方面，突出表现为管理层次少、跨度小的专业集权式管理。管理的运行机制上，体现出决策与执行相分离(委员会决策，职能部门执行)、专业化、程序化、规范化、制度化运作，资源信息共享，客户服务意识以及完善高效的评价监督机制。

4.1.2 美国高校学生事务管理实践概述

第一，美国学生事务管理的基本理念。

美国高校学生(国际学生)事务的发展是一个动态的历史过程。在其每一个发展阶段，都把为学生服务作为基本理念，都主张在管理中促进学生的发展。美国教育协会分别于1937年和1949年两次发表同名文件《学生人事工作宣言》(The Student Personnel Point of View)，再到1996年的《学生的学习是当务之急——学生事务的含义》报告，整个发展过程无不再三重申"学生发展"的重要性。不仅明确提出了对学生的看法、学生事务的目的和任务，定义了学生事务，还要求把"学生视为'完整的人'(a whole person)，全面关注学生的生理、社会、情感、精神和智能发展"。"学生发展"始终是美国高校学生事务发展的核心理念之一。

"学生发展"的理论思想在实践中具体表现为：学生管理要给学生创造一个宽松、民主和自由的环境，帮助学生确立相关价值和道德标准，从而提高他们的判断力；帮助他们树立正确的世界观、人生观和价值观；有效使用资源，实现学校的使命和目标，为学生建立支持性和包容性社区，从而使每个学生不仅身体健康，而且心智得到完善和发展，并具有良好的品德；培养他们思考问题、探索新知以及敢于行动的能力和热情。

从20世纪90年代起，SLI(Student Learning Imperative)理论开始引导美国高校学生事务管理实践。SLI源自《学生的学习是当务之急——学生事务的含义》，"其实质是倡导学生事务要以促进学生学习和个人发展为宗旨，体现了'以学生为本'和

'以教学为中心'的理念。"SLI 理念特别强调了学生事务管理是对学术事务工作的补充，学生事务管理人员应该使用策略联合其他机构和部门促进学生学习和个人发展；学生事务的领域包括学生问题的专家、环境和教学过程各个方面。

21 世纪之后，LR 理论成为美国高校学生事务管理的新理念。2004 年，美国发表《对学习的再思考：一种聚焦于学生经历和体验的全校园教育》(LR—Learning Reconsidered: A campus-wide Focus on the Student Experience)报告。该报告强调对学习本身进行重新审视，强调学生学习与发展的内在统一。

上述不同阶段的理论中，学生发展理论被确立为学生事务的理论基础，使得高等教育的范围真正扩展到学生事务领域，它独特的教育和发展目标对学生事务管理理论和应用的进一步发展有非常重要的意义。学生发展的理念突出了学生事务管理的教育功能，学生事务工作人员在做好学生服务的同时，更加注重学生接受课外教育的数量与效果。学生发展理论赋予了学生事务管理者新的角色定位，即学生事务管理者不仅仅是管理者，同时也是教育者。在这一理论的指导下，学术部门和学生事务部门之间的联系与合作不断增强，促成了学生事务管理的职业化与人员的专业化。学生发展理论还是"以学生为本"的"两全"(对学生进行全面教育，帮助学生全面发展)学生事务理念的思想源泉，并且在这一理念的指导下，美国的学生事务管理已经发展成为职能多样化、工作标准化、人员职业化、研究学术化、理论综合化、运行高效的实践领域，这无疑为其他国家提供了非常重要的参考与借鉴。

第二，美国学生事务管理体制的主要特点。

现代美国高校学生事务的组织形式和结构在各个学校都有所不同。校长的管理理念和风格、学校的规模、历史等因素都在一定程度上决定着学生事务的组织结构，但即便如此，也有一定的普遍性。玛格莉特·杰·巴瑞(Margaret J. Barr)通过考察美国多所大学，从学校整体工作的角度出发，发现美国高校学生事务的管理模式具备多样性和个性化特点，行政功能不明显，学生事务管理的组织机构独立设置，职能分工清晰，结构扁平，条状运行。[1]

①美国高校学生事务管理没有统一模式，表现为多样性和个性化。美国是一个多民族的移民国家，多种文化并存，这种背景决定了学生事务管理的多样性。大多数高校都把为学生提供职业准备、发展个性和增长知识作为主要目标，这决定了学生事务的工作模式。

---

[1] Margaret J. Barr. The Handbook of Student Affairs Administration. San Francisco: The Jossey-Bass, 1993.

②学生事务管理行政功能不明显,受行业规范的影响较大。

美国高校的自治是其基本特色,教育行政权力较弱,因此高校的学生事务管理行政功能也不明显。美国教育协会在1937年和1949年两次发表的《学生人事工作宣言》(The Student Personnel Point of View)是对学生事务的指导性文件,但并不要求高校绝对遵从。一些法律和法规对高校学生事务的约束也不多,影响高校学生事务的校外因素往往来自行业规范。行业协会推行的职业标准是学生事务管理人员和部门必须遵守和服从的行规与准则。

③学生事务管理的组织机构独立设置,职能分工明晰,结构扁平,条状运行。

在美国,高校普遍认为学生事务是高等教育的重要组成部分,因而绝大多数高校单独设立与学术事务管理部门平行的学生事务管理的组织结构,在公立大学一般都设有学术副校长和财务副校长并列的专司学生事务的副校长。学生事务负责人的职责因校而异,取决于面临的问题、董事长的授权、学生管理者的能力及学校的历史与传统。学生事务负责人下辖若干分支机构,分别处理不同的学生事务,分工很清晰,表现出管理职能的高度分化。在具体运行过程中,呈现出多头并进、条状运行的扁平化的结构特点(见图4-2)。这种条状结构和多中心架构使得管理的中间层级少,执行体系呈现垂直化,管理的重点在各中心。

典型的美国高校学生事务管理组织结构模型如图4-2所示:

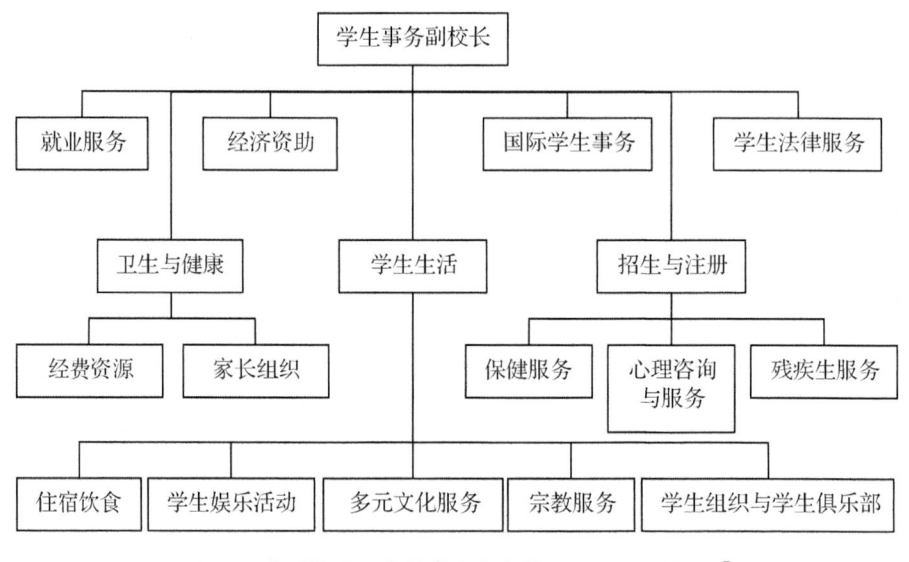

图4-2 典型的美国高校学生事务管理组织结构模型 ①

---

① 教育部思想政治工作司:《走进美国高校学生事务管理》,29页,北京,人民大学出版社,2011。

上图清晰地向我们展示出，美国高校学生事务管理运行机制是条状管理，扁平结构，直接服务学生，其工作高度分工，专业化程度较高。这种运行机制的特点在于：单一层级便于降低成本，并确保信息传递的高效率；高度分工有利于各职能部门提升其工作的专业化程度并持续改进工作；组织内以扁平化方式运行，信息传递快捷，运转形式灵活，能够促进学生事务管理部门对于来自学生的需求变化迅速做出反应，实现与学生的双向沟通。

对于国际学生，多数大学通过设置多元文化事务办公室(The Multicultural Affairs Office)来负责国际学生事务管理；并且通过国际交流处(International Office)帮助在校的国际学生、访问学者解决在校内及周边地区生活方面遇到的问题。[1]这种管理模式从严格意义上来讲更多的是承担着"服务"的功能。

第三，美国学生事务管理队伍的主要特点。

学生的学习发展要求大学的全员参与，大学的所有部门和人员都应该为学生的发展提供机会，学生事务管理部门更应参与其中。在美国，学生事务管理人员必须具备以下七方面的素质和能力。[2]

①必须用复杂的方式进行思考，熟悉各种不同的学习理论、认知结构理论、同一性理论等各种学生发展理论，并能够用他们去指导学生事务的实践。

②必须对高等教育的环境、组织结构等有综合的认识，了解职业发展理论，并能够运用它们来指导学生的职业发展等。

③必须非常敏感，欣赏不同和差异，尊重处理和获得信息的不同方式，熟悉和运用社会理论、同一性理论、团队理论和人际交往技巧，拥有多文化的竞争力、组织能力与不同团队合作的能力等，最后还必须理解学生生活和学习的文化氛围。

④应该具备学生发展理论的相关知识，如学生在不同发展阶段的需求、领导能力的发展、干预策略、社会环境和组织理论等，在帮助学生用批判思维和反思判断去获得信息和体验学习时，有能力提出建议和激励学生；还需要咨询和协作的技能，并能够将这些技能传授给学生，在传授这些技能的同时，还要将潜藏于这些技能背后的有关平等的社会正义的价值观传达给学生。

⑤具备基本的咨询理论知识，并能够有效地使用，能感受到不同文化的差异，并尊重每个人所拥有的独特的价值观和信念，能够与来自不同文化背景、具有不同发展水平和自我意识水平的人一起有效工作。

---

[1] 张晓京：《美国高校学生事务管理——基于八所大学的个案研究》，49—52页，北京，中国传媒大学出版社，2010。

[2] NASPA, ACPA. Learning Reconsidered：A campus-wide Focus on the Student Experience.

⑥熟悉健康理论和方法、社会心理学理论、生命周期理论以及职业发展理论，拥有良好的沟通能力与激励技巧，教给学生时间管理的方法、生活技巧和价值发展的方法。

⑦必须了解学习理论以及有利于学习坚持和学习成功的各种因素，熟悉干预策略以加强校园环境，有效地对学生个人和团体进行咨询和提出建议策略，认识到不同的文化和背景在学习过程中的作用，能够帮助来自不同文化背景和不同发展水平的各种学生。

从上述对学生事务管理人员的能力素质要求不难看出，美国高校学生事务管理者已经成为高校不可或缺的职业人员，其专业管理与科学发展的特点越来越显著。

首先，科学化与专业化的特点表现为对学生事务管理者的职业定位非常清晰。美国学生人事管理者协会明确了学生事务管理者的三项职业定位：一是促进学生的学习；二是帮助学生进行学术和职业定位，发展学生的领导能力；三是满足学生的需要，提供各种服务与支持。这三项职业定位均基于学生发展理念而提出，以充分满足学生学习成才和生活的需求，促使学生学习和生活有机融合，使学生全面发展。

其次，专业管理和科学发展的特点表现为美国高校学生事务管理工作严格的职业准入制度。美国高校专职的学生事务管理人员按照职级一般分为初级水平的工作者、中级管理者和高级职员。初级水平的管理者从事学生宿舍辅导、招生等工作，中级管理者负责学校心理咨询、学生资助等工作，高级职员则负责全校学生事务的总体工作。近年的数据表明，美国高校学生事务管理人员一般至少具有学生人事服务、教育管理、高等教育、心理咨询、学生事务等专业的硕士学位。较高职位人员大多要求拥有高等教育或相关学科的博士学位。①

最后，美国高校学生事务工作者的职业培训系统全面，职业激励与职业发展的制度安排也非常科学。美国有四十多所研究型大学设有学生事务专业方向的硕士、博士培养点，专门培养具有专业理论和实践能力的高校学生事务从业人员。同时，美国高校注重通过事业环境来激励学生事务工作者，努力创造充满活力的环境，激发学生事务管理者提高各种素质，包括创造力、领导个体和带领团队的工作能力、多任务的组织和协调能力、有效的沟通能力、咨询和辅导能力、行政和管理能力

---

① Wikipedia. Preparation for Student Affairs Work. http://www.answers.com/topic/student-affairs.

等。①学生事务工作本身的多样性与多元化特点，也为学生事务管理者提供了广阔的职业发展可能性。例如，有商业和技术特长的人可以从事学生财政援助工作，有学生活动经验的人可以从事学生活动的协调工作，如果想研究人类行为，则可以选择职业辅导或社区生活辅导。不管学生事务管理者拥有怎样的专业背景，心理学、教育学、社会学、人类学、政治学、艺术伙食物理学等，在这一领域中都有用武之地。②

美国高校学生事务管理历经近百年的发展变化，其基本理念、工作内容、操作模式、实际应用都贯穿了教育工作者(包括教育研究人员与实务工作者)对教育与社会发展的互动关系和教育规律的深入研究。美国高校学生事务管理发展的每一个阶段都形成了有代表性的纲领性文件，这些纲领性文件作为一种理论阐释深刻地影响了实际工作的方向，并时刻关注学生的全面发展。从这一点看，是值得我们学习和借鉴的。

4.1.3 英美高校学生事务管理对我国来华留学生事务管理的启示

英美高校的学生事务管理在工作实践中突出"服务"，实行"开放式管理"，把包括留学生在内的所有学生视作学校各种资源的消费者，而学生事务管理者则致力于确保学校的教育资源能有效地满足学生不断转变的需求。而在我国，高校留学生事务管理工作不同程度地存在忽视留学生的主体地位，视学生为管理的客体，问题式管理多于发展式管理，事后处理代替预警干预，强调整齐划一而忽视学生个性的现象。美国高校学生事务管理"以学生为本"的工作理念，具有丰富的内涵，具有制度做保障，为我们提供了宝贵的经验，值得借鉴。

第一，管理理念上，应该树立"以学生为本"的意识，尊重留学生主体地位，激发学生潜能，促进学生全面发展。关注学生、尊重学生、研究学生、服务学生、指导和发展学生。重视学生的个性发展，在管理中把学生以"独立而平等的个体"对待，听取他们的意见与建议，创造积极和谐的环境和氛围。

第二，工作方法上，要注重留学生的充分参与，体现平等互动。把握留学生需求，充分调动留学生参与的积极性和主动性，为其提供更多的实践机会，设计并推出更多的体验式教育项目，使留学生在组织参与的过程中增长知识、增长才干、得

---

① R. B. Winston, V. Torres, D. S. Carpenter, D. D. McIntire, B. Peterson. Staffing in Student Affairs: A Survey of Practices. College Student Affairs Journal, Vol. 21 No1, P13.

② http://www.naspa.org/career/benifits.cfm

到锻炼，实现知行统一。

第三，应该建立层级分明、内容丰富、运转高效的管理体制与运行机制，建立学校一级的直接面向全体学生(包括留学生在内)的专门化学生管理服务平台。

第四，留学生事务管理者队伍的专业化。建立健全高校留学生事务管理工作从业人员的培训体系，使留学生事务管理者在任职前与任职期间都可以接受持续不断的专业培训，实现学生事务管理者从"事务型"向专家"辅导型"转变。

第五，高校来华留学生事务管理者必须不断地接受教育，吸收新的信息和专业知识，以应对日益复杂的工作内容和不断变化的学生群体，因此，应该开辟学生事务管理专业，为高校学生事务管理及科学研究培养专门人才。

第六，实现来华留学生事务管理的制度化与规范化。留学生事务管理文件的制定要严格按照科学的程序，减少随意性，以相关法律为基本前提，实现管理上的制度化。管理过程中要严格执行法规，实现程序上的规范化。避免人为和行政因素的影响和干扰。

第七，重视高校留学生事务管理的相关学术研究。不断完善与发展我国的留学生事务管理理论。

4.2 欧洲大陆高等教育区高校学生事务管理的实践及其启示

对于留学生事务管理这一领域，欧洲大陆高校有着不同于英美的外在环境和内在运行模式，原因在于，欧洲大陆特别是欧盟地区当前的教育模式处在一种国家界限已经淡化的外在大环境中，在这种政策体制下，其高校留学生的概念也会随之变得模糊，这一方面给留学生的管理带来一定的便利，同时也会产生一系列前所未有的问题，这都值得我们进行进一步的探讨与分析。

始于 1990 年的坦普斯计划(TEMPUS)[①]、1999 年欧洲国家教育国际化的"博洛

---

① TEMPUS 项目是一个旨在推动中、东欧社会经济改革进程的高等教育合作项目，主要目标是协助欧洲各合作国高等教育改革，加强双边对话，鼓励成员国的高校通过建立教育集团进行有效的多边合作。

尼亚进程计划"①(Bologna Process)，欧盟的"伊拉兹马斯世界项目计划"② Erasmus Mundus、苏格拉底计划(Socrates)③为欧盟各国学生在欧盟27个国家④之间的留学提供了前所未有的机会。

欧洲博洛尼亚进程有着深刻的文化机理，其基础是文化相融。古希腊的民主精神、犹太——基督教的伦理观念、古罗马的政治制度，以及人文主义、理性主义、工业文明等，共同构成了"欧洲文化"，成为各国共同的文化遗产。欧洲文化既是一个包含各民族文化特点的多样性的文化，又是一个拥有共同文化内涵的同一性的文化。欧洲各民族文化的相通性、同源性及认同感，是博洛尼亚进程得以推行的文化基础。欧洲文化的同一性促成了欧洲高等教育一体化思想的产生，保证欧洲高等教育一体化的实施；与此同时，欧洲文化的多样性又丰富了欧洲高等教育一体化的内容，并给予了欧洲高等教育一体化以活力和动力，从而巩固了欧洲高等教育一体化的发展。

博洛尼亚进程一再强调"欧洲观念"、"欧洲意识"，高等教育区建设进程将高等教育的社会维度贯穿于各个行动纲领中。《博洛尼亚宣言》强调参与国要对"欧洲大陆的整体发展"负起责任，其中首先是共同的文化政策和社会政策目标。例如，形成"欧洲公民群体"，让公民感觉到自己是"欧洲价值共同体"和"共同社会空间、文化空间"中的一员；通过开展终身教育、促进师生交流等活动，增强公民的欧洲意

---

① "博洛尼亚进程计划"(Bologna Process)是29个欧洲国家于1999年在意大利博洛尼亚提出的欧洲高等教育改革计划，该计划的目标是整合欧洲的高教资源，打通教育体制。"博洛尼亚进程"的发起者和参与国家希望，到2010年，欧洲"博洛尼亚进程"签约国中的任何一个国家的大学毕业生的毕业证书和成绩，都将获得其他签约国家的承认。大学毕业生可以毫无障碍地在其他国家申请学习硕士阶段的课程或者寻找就业机会，实现欧洲高教和科技一体化，建成欧洲高等教育区，为欧洲一体化进程做出贡献。

② "伊拉兹马斯世界项目计划" Erasmus Mundus 项目是由欧盟资助的高等教育领域内的一个合作奖学金项目，是一项提供确切的欧洲高等教育机会的全球性计划，其首要目的在于寻求增强欧洲高等教育的质量和在世界范围内的吸引力。其次，Erasmus Mundus 项目为促进不同文化间有价值的交流和对话提供了一个框架。因此，在 Erasmus Mundus 项目下学习的学生，至少要在欧洲两个国家内完成学业，学生毕业后会得到双学位或多个大学联合颁发的学位。Erasmus Mundus 项目一期计划从2004—2008年，二期计划时间从2009—2013年。

③ "苏格拉底计划"项目是欧洲高等教育领域内的一个合作项目，也是一个交流项目。该项目旨在提高欧洲高等教育的质量，并通过与第三世界国家的合作来加强文化间的交流。该计划通过设置高质量的硕士课程，接纳世界各地的大学生和教育界人士在欧洲的大学里进行硕士课程的学习，鼓励欧洲的大学生和教育界人士到第三世界国家学习，以达到加强欧洲各国在高等教育领域的合作以及与国际间的交流。

④ 1. 法国、2. 德国、3. 意大利、4. 荷兰、5. 比利时、6. 卢森堡、7. 丹麦 8. 爱尔兰、9. 希腊、10. 西班牙、11. 葡萄牙、12. 奥地利、13. 芬兰、14. 瑞典、15. 波兰、16. 捷克、17. 匈牙利、18. 斯洛伐克、19. 斯洛文尼亚、20. 塞浦路斯、21. 马耳他、22. 拉脱维亚、23. 立陶宛、24. 爱沙尼亚、25. 保加利亚、26. 罗马尼亚、27. 克罗地亚。

识和凝聚力;在全球化的背景下,打造"知识欧洲",保护其特有的文化传统和学术传统,增强欧洲高等教育体制的"国际竞争力",这些共同愿景的强调颇具号召力。

欧洲社会政治经济因素是推动进程的外在动力。在教育领域,欧盟大力推动欧洲高等教育一体化以应对全球化的挑战,大力提高欧洲教育体制和欧洲高等教育机构的知名度以增强对国际学生和学者的吸引力。因此,博洛尼亚进程作为欧洲高等教育一体化过程中的一个阶段,是欧洲经济政治一体化战略的重要组成部分。虽然从欧盟或欧洲委员会的立场来看,博洛尼亚进程完全是自下而上的民间行为,但它同时也是一个由欧洲国家政府推动、欧洲多个利益组织和利益相关者共同参与的教育计划,其目标得到欧洲各国的积极响应与支持,事实上成为欧洲民族国家政府间高等教育领域里的一项合作议程。从严格意义上来讲,博洛尼亚进程是欧洲共同体的一部分,其发展取决于欧盟各国政府的决策度。

"和而不同"是博洛尼亚进程的核心理念。《博洛尼亚宣言》明确提出要在尊重多样性的前提下改革各国现有的高等教育制度,以"一体化和多元化并存"为指导原则。欧洲理事会高等教育研究与指导委员会主席尼伯格(Per Nyborg)也指出:"博洛尼亚进程应该是一个承认的过程,而不是一个调和的过程;应该是一个衔接的过程,而不是一个均质的过程。"[1]事实上,博洛尼亚进程也是一个不断探索和调整的过程。为了使欧洲高等教育更具"兼容性和可比性"(Compatibility and Comparablity),其摒弃了先前强调的"一致"(Harmonization)概念,通过建立欧洲高等教育学术资格框架,在逐步缩小制度差异的同时,保留各国高等教育的独特性,虽在学位等级和名称的设置上趋于一致,但并没有削弱各国自身的特色。这个过程融合与差异并存,改革的目标是使欧洲的高等教育相互融通,解决体制多样性带来的交流障碍,增加跨国交流,促进承认与合作,而不是抹煞分歧和差异,造成区域内成员国之间模式的一元化或同质化。其最终目的在于提升高等教育质量,增强欧洲高等教育的吸引力和竞争力。这就是改革虽然困难重重但仍然不断取得共识并稳步推进的原因。

1957年,欧共体签署了《罗马条约》,次年,欧共体国家以此为基础签署了《欧洲共同体条约》(Treaty Establishing the European Community),该条约第149条规定,欧共体通过鼓励成员国之间的合作来促进优质教育(Quality Education),在必要时提供帮助,但是充分尊重国家对于教学内容和教育体系的责任以及他们的文化

---

[1] Nyborg, P.. Convention, Process, Agreement: the Lisbon Recognition Convention and Bologna Process in the Context of GATS[A]. Bergan, S, (Eds). Recognition issues in the Bologna Process [C]. Council of Europe Publishing, 2003, 157-162.

和语言的多样性；共同体的行动目标包括在教育中建立欧洲维度（European Dimension），通过鼓励承认文凭和学历来促进学生流动。1976年，欧共体根据这个条约制订了成员国家的"联合学习计划"（Joint Study Programmes），目的在于鼓励共同体成员国之间大学生的短期流动。1992年2月，欧共体国家在荷兰签署《欧洲联盟条约》（Treaty on European Union），标志着欧洲联盟组织（European Union）的正式成立，同时开始酝酿新的高等教育政策。① 1995年，欧洲执委会提出一项旨在方便欧盟有关部门对欧洲教育一体化进行统筹安排的教育计划——"苏格拉底计划"（Socrates Programme）。该计划的第一阶段于1999年12月31日结束，共用了5年时间，并取得了良好的效果。欧盟执委会于2000年1月24日正式启动苏格拉底计划第二阶段的工作，并命名为"苏格拉底计划Ⅱ"。该计划包括8个子计划，其中就有最具影响的高等教育合作交流计划——"伊拉斯谟计划"（Erasmus）。此计划鼓励大学间的跨国合作、增加欧洲人的流动及改进欧盟境内学历的完全认可与透明化，来提高欧洲高等教育的品质与强化欧洲面向世界的教育。② 鉴于"伊拉斯谟计划"的成功，为了推广欧洲高等教育并鼓励国际合作，欧盟执委会于2002年7月通过一项新的全球性计划"伊拉斯谟—曼德斯计划"（Erasmus—Mundus）的提案，并于2004年1月20日开始实施。③

4.2.1　欧洲大陆高等教育区高校学生事务管理的实践概述

在欧盟地区欧洲大陆的大学中，以最负盛名的德国亚琛工业大学（Rheinisch-Westfälische Technische Hochschule Aachen）、弗莱堡大学（Albert-Ludwigs-Universität Freiburg）、法国斯特拉斯堡大学（Université de Strasbourg）为例，学校均设有"国际事务办公室"（International Office）以对留学生注册、学籍、课程、考试等学术性事务进行管理，这一点与国内的留学生事务管理办公室的职责范围是一致的。但是，与国内高校留学生办公室职责范围不同的是，对非学术性事务的管理不由大学承担，而是由称为"大学生事务管理局"（Studentische Angelegenheiten Verwaltung）的校外机构承担，并且具备企业运作的特点——独立法人，自负盈亏。在欧洲，多数

---

① 欧阳光华：《一体与多元——欧盟教育政策述评》，载《比较教育研究》，2005(01)。
② European Commission. Erasmus Mundus（2009—2013）[EB/OL]. http：//europa.eu.int/comm.education/programmes/socrates/erasmus_en.html，2007-08-20.
③ European Union. Erasmus Mundus 2006－2007[EB/OL]. http：//europa.eu.int/comm.education/programmes/mudus/index_en.html，2008-09-20.

国家的大学不向学生提供专门的学生宿舍，学生们通过类似"大学生事务管理局"这样的中介机构得到食宿、文化、勤工助学等相关服务。与此相对应，高校建立联络办公室，在学生与社会性服务机构中进行沟通与协调。

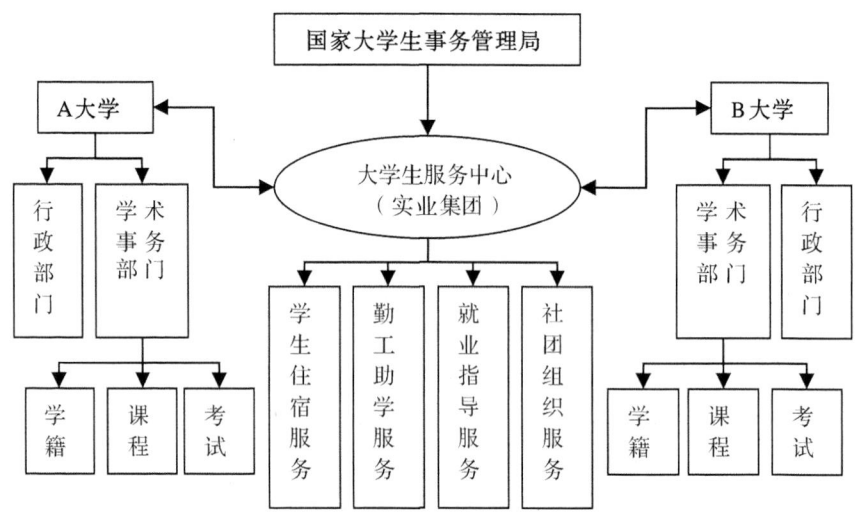

图 4-3　欧洲高等教育区高校学生事务管理机构图 ①

欧洲国家的高校通常情况下自我定位为教学与科研机构，并常常固守于学术性活动的界限，对学生事务的管理主要交由社会化的机构来承担，高校则成为联络点，在本校学生与社会化服务机构之间起沟通和协调的作用。高校普遍采用垂直管理的模式，并呈现出事务管理一体化、后勤服务社会化、学生高度自治化与培训指导全员化的特点。

由于管理模式的社会化，学生的日常生活也具备鲜明的社会化特点，一些社会的道德、礼仪风尚等直接影响着学生本身，对学生形成与社会一致的道德观念与思维方式等起着潜移默化的作用。

就学生生活管理而言，在德国某些大学中设有专门负责学生住宿和服务的辅导教师或管理员。他们负责上传下达，帮助学生解决实际问题，并监督考核学生的日常行为。日常事务方面，发挥影响的就是学生社团组织。学生社团在学生入学、考试辅导、学生活动、学生维权、提供学习信息方面发挥着重要的作用。

尽管德国大学注重对学生的学术管理，而将学生事务管理社会化，但这并不意

---

① Mitglieder des Rektorats. http://www.rwth-aachen.de/cms/root/Die_RWTH/Profil/Organisation/~pwj/Rektorat/

味着大学对学生管理的轻视。德国《大学基准法》和各州大学法均有约束学生学术之外行为的规定,包括因为个人品行不端或学术未达到标准而被警告、暂时不许参加校内活动、停止使用校内设施设备、强制休学两年、强制退学等。

在学生事务(含留学生事务)管理模式上,欧洲大学最突出的是"大学生服务中心",一个独立于高校的机构,其性质是具有独立法人资格的公益性社会团体组织,主要负责学生在经济、社会和文化方面的具体事务,例如,为学生提供餐饮、住宿服务;为有孩子的学生提供幼儿园服务,为学生提供咨询服务,并且还承担政府委托的专项调查等。所需经费由政府统一划拨。这样一来,一方面,学校不必设立庞大的后勤集团管理各附属机构,使学校更加专注于教学与科研,另一方面,可以实现资源优化共享,精简机构,提高服务效率。服务中心的设立,遵从"一城一中心,辐射各高校"的原则,无论学校和学生多少,一个城市只设立一个中心,并由最高机构"国家大学生服务中心"统筹管理。服务中心的负责人由政府任命,在运行模式上实行企业化管理,自主经营,不以追求利润为主要目的。

德国采用的是趋同化教育,不会因为是留学生就降低要求和标准,也不允许制度外的说情,这就要求留学生必须付出更多的努力才能够顺利完成学业;德国的大学教育还淡化考勤,只要学生达到教学要求和标准即可;此外,德国高校在语言、专业课方面有很多互助小组,高低年级、中外学生互帮互助,很好地做到了资源整合。

4.2.2 欧洲大陆高等教育区高校学生事务管理的启示

从欧洲大陆高等教育区(以德法两国为主要借鉴)学生事务管理模式及其特点来看,他们在管理体制上强调的是高校与政府和社会的分工合作关系,以及在运行机制上所追求的专业化、职业化、高效便捷性等,对我们推进高校来华留学生事务管理和服务工作有着十分有益的借鉴意义。

首先,欧洲大陆高等教育区的高校推崇的是研究型大学,在学生事务管理方面形成了"政府主导、社会承担、高校参与"的理念,主张学生事务的管理应该由社会专门机构而非高校承担,学校主要承担联络协调功能。我国高等教育收费制的施行,使学生逐渐从消费者的角度关注学习和生活权益。学校要在管理上注重学生的需求,在学生服务中体现以学生需要为导向,不仅要通过学校资源,而且要通过社会资源满足学生的服务需求,使学生服务成为社会上最具活力的市场领域。要在全社会形成这样的观念:来华留学生不仅仅是高校的学生,更是世界范围内的人才资源，他们的成长与成才与社会各方面的支持都密切相关，突出为学生服务的思想，建立具有公益性的学生事务管理机构，充分利用与整合社会资源为大学生(包括来华留学生)提供公共服务。

其次，欧洲大陆高等教育区高校的经验告诉我们，后勤集约化是优化资源配置、降低服务成本的根本出路。将高校服务中可以由社会承担的部分逐步让渡给后勤服务实业集团，使其与学校母体脱钩，真正按照市场法则、经济规律运作，学校与后勤实业集团之间仅仅是契约关系，实现后勤系统行政管理职能与经营服务职能的分离。

最后，欧洲大陆高等教育区高校在学生事务管理的方式上，强调管理人员职业化和服务项目专业化，并十分注重培养和发挥学生的自主自助能力。而我国在长期以来形成的家长式监督、灌输等管理方式的影响下，学生事务管理人员在学生管理和控制方面能力颇强，却常常因为服务意识不到位或职业化程度的欠缺，难以真正满足学生的发展式需求。因此，应该选派学生事务管理领域中具有相关学科背景和实践经验的专业人才，为学生提供专业化水准的服务。此外还要在对学生充分信任和尊重的基础上，建立有利于学生发展的自管自治组织，有效地减少学生与学校之间的误解与对立。

4.3 港台地区高校学生事务管理的实践及其启示

我国港台地区由于特定的政治、经济、文化、历史和社会环境，受欧美教育模式的影响显著，形成了与我国大陆不同的高等教育制度和模式。

4.3.1 港台地区高校学生事务管理的实践概述

作为中国高等教育不可分割的重要组成部分，国际化水平较高的香港、澳门、台湾高校在对留学生的管理上，积累了一定的有益做法和先进经验。

分别以香港理工大学和台湾成功大学的学生(含国际学生)事务管理实践经验为借鉴，我们可以看到：

我国香港地区高校学生事务管理模式与英美相似。学生事务处是学校学生事务的唯一权威机构。它上对分管校长负责，下则直接面对学生和学生社团。根据事务不同设立分支机构，职能明确，功能既不交叉又相互配合。

当然，港台高校学生事务管理工作在移植、借鉴西方高校做法和经验的过程中，不断创新、完善，形成了一些各自的特点。

第一，机构设置。

学生管理机构的设置既受一定的政治经济制度和社会文化的制约，也折射出不同的教育理念和管理思想。在不同的社会背景下，港台与大陆高校经过长期的实践、探索和改革，各自形成了具有鲜明特点的学生工作机构系统。

港台地区高校的学生事务管理组织结构呈单一型，具有扁平型组织的特点。校一级设学生事务委员会，其常设办事机构为学生事务处，下设学生活动辅导、心理辅导、就业辅导、体育辅导、奖助学金辅导、留学生辅导、学生设施管理等若干工作组，负责全校学生除课堂教学以外的所有日常事务，在院系一级没有对应的组织。学生事务处对上向分管的副校长负责，对下直接面对学生社团和学生个人开展工作。其特点可以概括为一级管理，多头并进，条状运行。

第二，职能范围。

港台与大陆高校学生事务管理职能的差异主要体现在：首先，工作范围有所不同。大陆很多高校学生处的职能包括了本科生的招生工作，不直接管理学生宿舍，学生公寓实行社会化的物业管理或交由学校后勤部门管理。而港台地区的高校学生事务处则恰恰相反，不负责学生招生工作，但要管理学生宿舍。台湾高校的学生事务工作还包括了侨外生(留学生)服务、体育教学与课外活动，相当于把大陆高校国际合作处、体育部(系)的职能划归其管理。其次，学生辅导内容侧重点不同。港台地区高校十分注重学生的职业生涯辅导、心理辅导、就业辅导方面。大陆高校的学生辅导则十分注重学生思想意识和行为规范等方面的教育养成以及爱国主义、社会主义、集体主义教育，而大学生职业生涯辅导处于起步发展阶段，心理辅导工作也较为薄弱。

第三，管理方法。

港台高校学生事务管理实行的是"民主法制式管理"。港台地区法律制度健全，法制观念深入人心，高校极为重视依法治教、依法管理。学生事务管理的规章制度健全，做到了有章可循，遵章办事。管理者主要依照《香港特别行政区基本法》和港台本地有关法律法规，以及各校制定的规章制度进行管理。学生事务管理采取学校主动服务和学生自愿参与的工作原则，尊重学生的需求，注重保障学生的权益，互动性强，学生的自主性较大、可选择性强，管理比较人性化、精细化；强调服务意识、市场意识和超前意识；注重培养学生的个性。

港台高校学生事务管理与大陆高校学生工作机构设置上(如图4-4、4-5所示)主要有三点不同：其一，港台高校学生事务管理在院系一级不设对应的二级机构；其二,大陆高校设有独有的共青团组织工作系统;其三,大陆、台湾高校把学生会纳入统一管理范畴,而香港高校学生会组织是依法注册、独立运转的法人组织。

在境外大多数高校学生事务管理模式中,本土学生与国际学生的管理均未做出特别的区别对待,同一性管理是最基本的特点,教育行政导向弱,专业服务影响强,机构独立设置,功能高度分化,一级管理体制、条状垂直运行机制是一种普遍的模式。同时,以辅导和服务为核心、有助于学生学习和个人发展的相关范畴,就是国外和港澳台地区高校学生(国际学生)事务管理所涵盖的基本工作内容。

我国高校来华留学生事务管理的现行模式,除了在机制与体制上有所不同之外,还在于管理模式的内在形态不同,那就是,究竟是从学校的角度出发通过管理为学校服务,还是从学生的角度出发,通过管理为学生服务。这是我们在尝试构建留学生事务管理新模式时应该首先关注并解决的核心问题。

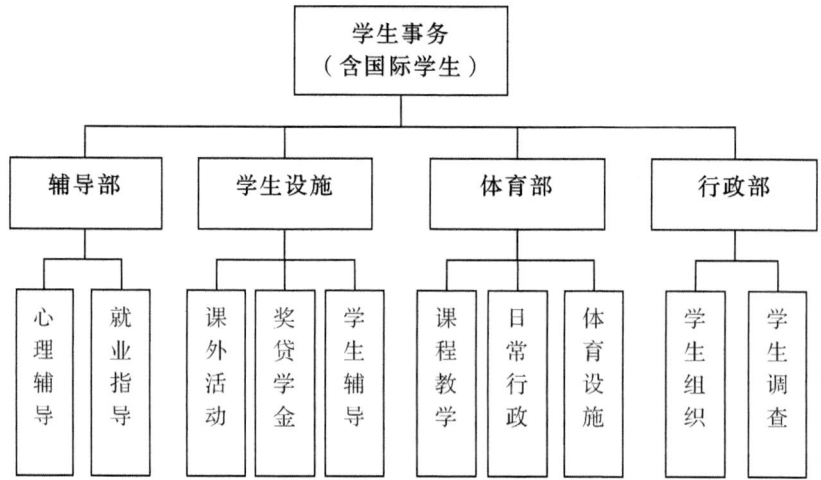

图 4-4 香港理工大学学生(国际学生)事务管理机构模型

(资料来源:http://www.polyu.edu.hk/cpa/polyu/index.php)(Student Affairs Office)

图 4-5 台湾成功大学"国际事务处"工作架构图

(资料来源：http://oia.ncku.edu.tw/files/11-1018-3007.php)(Office of International Affairs)

4.3.2 港台地区高校学生事务管理的启示

第一，注重学生的"全人教育"和"通识教育"。

香港高校秉持"全人发展"教育理念，强调学生德、智、体、群、美、事、情全面发展，立足于把学生培养成为处世成熟、关心社会、对社会有贡献的知识分子和专业人才。香港地区高校从新生入校开始，就把"全人发展"的教育内容贯穿于正规教育课程、互通教育课程和非正规教育课程的教学之中。其中，搞好非正规教育课程是学生事务部门工作的重点。学生事务工作始终关注大学生的全面发展，而不仅仅是学习成绩的好坏。学生事务管理工作的目标是帮助学生挖掘潜能,适应学业、情绪及行为方面的发展,培养学生树立正确的价值观;提高学生对社会的关怀度、对社会的责任感;辅助学生成长,促进彼此的了解和沟通,构建和谐的人际关系。

台湾高校则秉持"通识教育"的理念,以培育完整的人格为主要目标,强调引导学生了解生活的意义与价值,增进学生对人文艺术、社会科学及自然科学的综合了解,协助学生对其所扮演的社会角色有更为宽广的体验认识。台湾高校学生事务管理在贯彻"通识教育"的实践过程中,形成了一些可资借鉴的工作理念和工作方法。从工作理念上看,强调"目标为先,方法为要","发展重于预防,预防重于治疗","服务重于管理,奖励优于惩罚","关怀先于要求,耐心多于忧心","主动出击,争取认同"的理念等等,既简单明了,又具有很好的现实指导意义。从实现"通识教育"的途径上看,强调非正式课程、潜在课程的重要作用,成立专门的组织机构,出版指导刊物,定期举办研讨会;强调每一个教师的责任,注重师生的共同参与。

无论"全人发展"的教育理念,还是"通识教育"的理念,均符合马克思主义关于人的自由全面发展的原理,体现了对人的价值的深刻理解及对全面实现人的价值的追求,与大陆高校提倡的以人为本、全面素质教育一脉相承,值得大陆高校借鉴。

第二,注重培养学生事务管理人员的专业素质。

港台高校都拥有一支专业化、专家化、职业化的学生事务管理队伍,具有较高的学历层次,多数具有教育学、心理学、社会学、人力资源管理、社会工作等专业硕士及以上学历,具备相关领域的专门知识和技能,能为学生提供专业化的服务。而且由于竞争的压力,他们一般会继续攻读更高层次的学位,出国深造也十分便利,学校为他们的学习深造提供了良好的支持条件。学生事务工作者经过长期积累和互相传承,养成了良好的职业道德和职业素养,具有良好的敬业精神和奉献精神,乐于为学生服务。

大陆高校的学生工作人员尤其是辅导员大多知识结构较为单一,工作年限较短,阅历经验不足,业务培训较少,此外,队伍的整体敬业精神、服务意识不如港台地区高校。因此,对于大陆高校来说,加快学生工作队伍的专业化、专家化、职业化建设步伐,培养一支政治强、业务精、纪律严、作风正的工作队伍,尤显迫切而又任重道远。港台高校在学生事务管理人员的选拔、培训及晋级等方面形成了科学而健全的制度体系,值得我们学习和借鉴。①实行资格认证制度,这是实现队伍专业化的重要前提。目前大陆高校学生工作领域还没有相应的职业认证制度。当代学生工作要求从业人员必须具备较为全面的知识结构和扎实的专业技能,要对管理学、教育学、心理学、社会学、计算机科学等相关学科都有一定的了解,此外,还需对学生工作的规律、对高校教育管理的规律有一定的研究和把握,因此,大陆高校应规定学生工作从业要求,实行资格准入制度。②完善培训进修机制,这是实现队伍专业化的重要保证。大陆高等教育正处于大发展时期,无论高等教育的外部环境还是内部环境都在发生快速的变化,大学生群体的代际变化十分明显,学生工作的目标、内容、手段、方法都要不断创新,加强学生工作队伍的培训进修尤显必要。③建立考核晋升机制,这是实现队伍专业化的重要动力。大陆学生工作队伍管理可以采用港台高校目标管理的方式,本着"跳一跳,够得着"的原则,制定出学生工作干部岗位职责与工作目标,完善考评、晋级、转岗机制。

第三,注重发挥学生组织在学生事务管理中的积极作用。

港台地区高校均尊重学生会、学生社团组织相对独立的主体地位,十分注重发挥其在学生事务管理中的独特作用。学生组织在参与民主管理、维护学生权益、促进学生成长方面,在学生干部评聘、工作经费筹措、创造工作条件等自身建设方面都有许多值得大陆高校学习借鉴之处。

香港高校高度重视发挥学生会组织的独特作用。香港高校的学生会都是依法注册成立的具备法人资格的独立社团组织。学生会以推动学生自治、校园共治为目标,对内统筹学生组织,积极参与校政,举办文娱活动;对外则代表学生,表达意见,参与社会事务。香港高校的学生会有稳定的经费来源,拥有良好的办公条件。学生每年交纳的会费由学生会自行支配,学生会还有自己的企业,自负盈亏、自主管理。比如香港理工大学学生会每年的会费和其他各类经营、捐赠收入有100万港元之多,此外还享受学校每年50万左右港元的专项资助。学生会拥有自己的办公大楼,学生会下属各部及各院系学生会也有单独的办公室。为了更好发挥学生会在学生事务管理中的积极作用,香港高校学生会还配备专职的学生干部(会长、副会长等)。比如香港大学每年为1—2名专职干部提供助学贷款,以支持他们休学一年,全力从事学生会工作。在这种条件下,学生会自主性强,独立性强,积极性高,组织者和参与者的热情度都比较高,各项活动开展得有声有色,作用比较明显。

台湾高校则高度重视发挥学生社团组织的独特作用。台湾教育界人士普遍认为高等教育应重视"德、智、体、群、美"五育均衡发展,而社团活动正是实践全人教育、潜在教育、通识教育目标的有效方式。因此,台湾高校鼓励广大学生组织学生社团,十分注意发挥学生社团的积极作用。台湾高校的学生社团组织具有三个明显的特点。①学生社团管理规范。不论是台湾高校制定的学生社团规章制度,还是学生社团自身制定的运行办法,均日趋完善规范,对学生社团成立、辅导老师、经费补助、社团评鉴、出版刊物、社团奖惩等都有明确具体的措施。为适应学生社团的发展需要，学生事务处由昔日对社团的单纯管理，进一步向教学、训导、辅导三合一的目标发展。如东吴大学在学生中开设"社团经营与发展"课程，淡江大学开设"社团经营与管理"课程。有的高校还举办学生事务研究在职硕士班，培养社团经营管理专门人才。②学生社团种类繁多。近年来，台湾高校学生社团增长迅速，发展多元，已经成为台湾高校中一道亮丽的风景线。如台湾大学有学术性、艺术性、服务性等16大类，总计600多个学生社团。③学生社团作用突出。社团活动在培养台湾大学生多样化兴趣，丰富大学校园生活；磨炼领导才能，建立良好的人际关系；训练自治自律能力，奠定择业就业的优势；陶冶个人情操，提高人文素养，提升大学的整体教育质量等方面，收到明显成效。

第四，注重发挥学生在学生事务管理中的主体作用。

学生事务工作要以学生为主体，为学生的成长和发展服务。港台高校的学生事务管理在对学生进行教育和管理的过程中，起着指导、帮助、咨询的作用，通过工作人员的专业知识和言行举止来引导、启发学生做出适合个人的选择。从业者非常看重学生的意见和建议，依据学生的需要来决定工作方向和服务内容，十分注重尊重学生的主体地位和个性发挥，这可以从其个性化服务形式中窥见一斑。①个别辅导。通过会谈、家访协助学生克服其在学业、社交、情绪及家庭方面遇到的困难，在需要时转请有关专业人士提供服务。②小组工作。包括治疗性小组、发展性小组、学习技巧小组等，对有相同问题和需要的学生，通过小组工作起到补救和预防的作用。③咨询服务。向前来求询的学生、家长予以指导，提供资料，必要时给予跟踪服务。④外展工作。在课余时间，工作人员到一些学生经常聚集的地方去接触他们，与他们交友谈心，融洽关系，促进工作。通过这四种有效的工作形式，做到学校要求与学生需求的结合、学生个性与群体共性的结合，促进每一个学生的发展。

大陆高校的学生工作以教育管理为主，强调行为控制，以行政管理的方式来搞教育。在教育实践过程中，往往重共性而轻个性，重普遍而轻特殊，重集体而轻个人，重当前而轻长远，忽视了学生的主体性和教育的发展观。当前，随着我国社会主义市场经济体制的逐步完善，高等教育体制的改革发展，学生的主体意识、权利意识、发展意识普遍增强。大陆高校应学习借鉴港台高校的做法，突出学生的主体地位。以学生为主体、为学生发展服务，体现在教育观念上，就是要转变对教育主客体的固有认识，学生既是受教育者、被管理者，更是教育的消费权益者、学校教育的主体；落实在行动上，就是要在各项工作措施上多为学生考虑，强化服务意识，提高服务质量；在教育方法上，要多尊重学生，关注个性；在活动组织上，要针对学生的兴趣与特点开展活动，促进其身心的全面发展。

5 高校来华留学生事务跨文化管理的系统设计

来华留学生事务跨文化管理是一个全面动态的过程，具有多元性、综合性与动态性特征。明确的基本原则和发展策略、先进可行的管理理念、严格的管理体制、科学的运行机制、合理的制度和有力的政策支持、高素质的人才队伍是确保管理目标实现的基本要素和保障基础。鉴于来华留学生事务跨文化管理是一个开放的系统，在管理的自我发展过程中，在不同形态、不同时态、不同族态的文化或文化要素相互冲突与碰撞的过程中，要不断吸收各种新的文化要素，不断进行自我更新、自我完善，以适应不断变化的新形势。

高校来华留学生事务跨文化管理的系统设计是本研究的核心内容。通过借鉴管理学、组织系统相关原理，分别对高校来华留学生事务跨文化管理应该遵循的基本原则、管理理念、管理体制、运行机制以及制度和保障系统进行学理上的设计和分析，为高校来华留学生事务跨文化管理的具体实现提供理论支撑。

5.1 高校来华留学生事务跨文化管理的基本原则与发展策略

留学生事务管理的宗旨是服务人、发展人，"强调一种朝向学生的、水平的管理风格，而不是朝向任务与功能的管理"。在管理中要看到人的差异性、尊重学生的个性差异，与时俱进地反映学生的需要。学生事务管理"服务人、发展人"的宗旨要求管理者必须改变传统的、强调权威的学生对教师的无条件服从的"理性管理"理念，着眼于留学生文化背景的差异性特点，进行跨文化的管理。

在来华留学生事务管理过程中，由于管理对象来源广泛，意识形态各有差异，历史背景与传统文化千差万别，意识形态的不同引发思想观念的冲突，历史背景的差异导致文化传统的冲突，这些因素直接影响管理实践不能实现整齐划一。当然，这里的整齐划一不是"一把抓"和"一刀切",而是在遵循特定原则与规律基础上的一致性管理。

5.1.1 高校来华留学生事务跨文化管理的基本原则

来华留学生事务管理者在对留学生进行管理的过程中,不能因为急于求成而采取刻板、生硬的管理方式,这样不仅无法实现预期管理目标,反而会适得其反。跨文化管理要本着跨文化的态度,坚持平等、尊重、宽容、客观、谨慎、普遍、双向、融合、独立的基本原则,消解固步自封、妄自尊大、歧视、偏见、狭隘等消极因素。

(1)平等的原则

跨文化管理是双向互动的过程。有目标性的号召和有针对性的回应,才是完整有效的管理。前提是在认同双方文化、人格平等的基础上,遵循平等的原则。一旦缺乏平等,就会滋生各种各样的文化沙文主义,必然形成文化冲突,造成不必要的麻烦。只有在保证对方不失去本民族特性的情况下,进行平等对话与沟通,才能够保证管理过程各环节的波动与变化始终在管理者的可控领域之内。

(2)尊重的原则

"对其他文化的尊重是联合国教科文组织长期倡导的跨文化态度,因为这是和谐的跨文化管理的基础。"尊重并不意味着一味的放弃与无原则的妥协。文化尊重的主要表现形式是对本民族传统文化之外的异域文化的充分关注,特别是民族情节和民族意识的尊重。这就要求留学生事务管理者要摒弃"文化中心主义"与"文化优越感",认识并承认文化多样性的存在,对异域文化的尊重,同时也是尊重自己的文化。

(3)宽容的原则

"宽容的本质是对于不同于本民族文化以及所认同的异质文化的公正的容许,特别是对与本民族文化截然相反的异质文化形态的公正的许可,以及对这种对立性、否定性的接受。"在跨文化管理过程中,管理者要提倡双向、多向及互动的宽容,即管理者与留学生在尊重本民族文化的基础上,克服彼此的文化偏见,消除各种形态的文化冲突,互相包容,宽大为怀,求同存异,和谐共生。

(4)客观的原则

客观对于实现跨文化管理中准确的认知和理性的选择是非常重要的。客观就是在跨文化管理中能够摒弃从自身的主观愿望出发,而是从异质文化的观点,从第三方以及全人类的视角，分析跨文化管理的实践，总结跨文化管理的经验教训，把握跨文化管理的方向。

客观的原则也要求在管理的过程中不歧视、不偏见，不仅仅从自己的本位立场出发认知、反思和处理与异质文化的差异。简言之，客观的原则要求跨文化管理的主客体在管理实施过程中采用换位思考的方法，克服本位主义的僵化思维。

(5) 谨慎的原则

囿于管理者自身知识结构和管理经验的有限性，对异质文化的认知必然存在一定的差异与局限，想当然的态度往往会造成对异质文化的不尊重，严重的还会导致文化的冲突。在跨文化管理中必须认真、细致、周全而不是简单、贸然地处理各种问题。谨慎是以充分认知、深入思考为基础的，谨慎不是封闭与固步自封，而是对跨文化管理过程中可能会出现的各种问题的必要预见与权衡。

(6) 普遍性原则

跨文化管理不是在管理过程中把某一国家、某种文化泛世界化。而是要求通过留学生教育国际化传播的信息和文化，应该是能够体现全人类的共同的文化特征和具备普遍性的文化特质和原则。比如，"以人为本"和"公允平等"。

(7) 交流双向原则

在跨文化管理中，应该努力保持双方交流的对等与平衡。不同的国家、民族各有其特点，这些特点大多是唯一的、不可比的，应该加以保护。发达国家不应该因其发展程度高而对发展中国家进行文化交流方面的强制性灌输；发展中国家也不应因其独特历史文化而拒绝文化交流。因此，在人员、信息、教学与管理思想和内容的沟通与交流过程中，应该保持对等。

(8) 相融性原则

在进行跨文化管理的沟通过程中，应首先考虑到我国的文化特点，制定出符合我国文化特点的教材、方案，不应该全盘照抄照搬发达国家的经验。要使留学生成为既熟悉原有文化，又了解我国文化，具有较强文化融合能力的人才，而不是外国文化与我国文化的简单复加品。

(9) 文化独立性原则

任何一种文化，都必须扎根于本民族的土壤，也无法与历史传统相隔绝。我国的来华留学生事务管理，应该以本土化为基础，以国际化为目标，在参与国际化发展进程中坚持我国的民族文化特色，防止出现错误的文化演化倾向，应该按照自身的特点积极主动地组织好跨文化的交流与沟通，并在管理过程中注意向留学生正面宣传中国文化。

5.1.2　高校来华留学生事务跨文化管理的发展策略

新的时代背景下，我国高校来华留学生教育事业也要与时俱进，按照《国家中长期教育改革和发展规划纲要(2010—2020)》的既定来华留学生发展战略，改革创新，以学校实施"国际化工程"为契机，打造我国高校来华留学生跨文化管理的核心竞争力，在保证规模、调整结构、提高质量的同时，实现我国高校来华留学生教育的全面、协调、可持续发展。

我国高校应该站在国际化、服务国家战略的高度发展来华留学生事业，形成立足本土国际化的发展思路；处理好规模、层次、质量、管理与效益的辩证关系，全面提升办学的品牌影响力；以市场化、服务化的意识发展来华留学生教育事业，在世界范围内培养并发掘亲华、爱华的人力资源。推进教育外事工作管理体制和机制的改革与创新，不断构建和完善留学生教育质量监控和评估体系，不断提高留学生教育质量，努力建设一支懂业务、责任心强的高素质的国际学生教育管理服务队伍，保证留学生教育工作的规范有序。同时，硬件和软件建设并举，在不断改善学校的生活设施、娱乐设施、通信设施等硬件条件的同时，对服务人员加强培训，提高其服务质量。在注重文化的包容性的前提下，有目的、有计划、有组织地开展相关社会活动，健全留学生附加服务体系，进一步拓宽留学生人际交往范围，搭建中外学生跨文化交流平台，增进相互间的沟通与理解。

在高校来华留学生事务跨文化管理的实践中，可以借鉴跨国企业的相关管理策略，形成具备中国特色的留学生事务管理策略。

(1)视野国际化，行动本土化策略

即根据"视野国际化和行动当地化"的原则来进行跨文化的管理。全球化的经营企业在国外需要雇用相当一部分当地员工，因为当地员工熟悉当地的风俗习惯、市场动态以及其政府的各项法规，并且与当地的消费者容易达成共识。雇用当地员工不仅可节省部分开支更可有利于其在当地拓展市场、站稳脚跟。而在留学生事务管理领域，高等学校是在自己的本土境内，对带有异质文化特征的世界各地的留学生进行管理与服务，其行动自身已经具备本土化特征，需要关注的是逐步形成国际化的视野，从而引导跨文化的管理过程。

(2)文化相容策略

文化的平行相容，是文化相容的最高形式，习惯上称之为"文化互补"。留学生来到中国之后，母国文化和东道国文化之间虽然存在着巨大的差异，但这并不互相排斥，反而互为补充，同时运行于留学生学习、生活中。留学生事务管理者客观公正地对待具有不同文化背景的留学生，既不崇洋媚外，也不夸大自身文化优越性，以一视同仁的态度充分发挥跨文化的优势。

（3）文化规避，求同存异策略

在有关留学生事务的管理实践中，管理者应该有意识地模糊文化差异，隐去两者文化中最容易导致冲突的主体文化，注意在双方文化的重大不同之处进行规避，避免在这些"敏感地带"造成彼此文化的冲突，同时保存两者文化中较为平和与大致相似之处，从而使得不同文化背景的人能够在同一团体中和睦共处，即使发生意见分歧，也容易通过双方的努力得到妥协和协调。

对来华留学生的跨文化管理，客观上是一个不同意识形态下、不同文化传统相互碰撞、相互交融、和谐共生的过程。高校留学生事务管理部门在进行跨文化管理时，应在充分了解本国文化和国外文化的基础上，选择适合的管理模式，使不同的文化得以最佳结合，从而形成促进学生全面发展的有益推动力量。

5.2　高校来华留学生事务跨文化管理的理念系统

作为观念形态的管理理念决定着组织的生存与发展方向。恩格斯曾经说过："一个民族要想登上科学的高峰，究竟是不能离开理论思维的。"[①]高校来华留学生事务要实现科学有效的跨文化管理，同样离不开理论思维的引导。

5.2.1　"以人为本"贯穿管理过程

受传统理性主义思维方式的影响，长期以来，我们的留学生事务管理秉承的是一种"以定额定量为目标，注重效率"的工具理性主义的管理理念。在这种理念之下，留学生事务管理者以服务学校为导向，以完成政治任务为目标，强调权威，强调学生对管理者的绝对服从和对学校的无条件服从。这种理念受到后现代主义的强烈批判和质疑。后现代主义认为，大学教育的真谛在于弘扬学生的个性，培养具有创造性的生命个体，而不是在强制、监督、惩戒中丧失个性的毫无生气的木偶。因此，以人为本应该是留学生事务管理的基本价值取向。这种以人为本的管理理念的要旨在于"服务学生、发展学生"。这就要求我们从留学生的实际需要出发，改变传

---

① 《马克思恩格斯选集(第4卷)》，285页，北京，人民出版社，1995。

统管理中学校、管理者与留学生之间处于管理与被管理的对立格局,强调"一种朝向人的、水平的管理风格而不是朝向任务和功能的管理。"

"以人为本"的理念有着极其丰富的内涵,包括尊重(Respect)、服务(Service)、规则(Regulation)、平等(Equal)、自助(Self-service)、信用(Trust)等要素。它要求留学生事务管理者在实践中时刻关注学生利益诉求,发挥留学生的主体地位。

留学生在中国学习期间,不管其国籍如何、背景怎样,首先要明确其"学生"身份,其次才是"外国人"。这样,一方面要求按照在校学生的标准严格管理,另一方面又要根据不同的文化背景推行人性化的跨文化管理。这种以人为本的管理可以使留学生有更多的机会接触中国学生和中国社会,可以帮助留学生更深刻、更全面地认识中国。

高校在管理上要注重留学生的需求,在服务中体现以留学生需要为导向,不仅要通过学校资源,而且要通过社会资源满足留学生的服务需求,使留学生服务成为社会上最具活力的市场领域。留学生不仅仅是高校的大学生,更是世界范围内的人才资源,他们的成长成才与社会各方面的支持都密切关联,要充分利用和整合社会资源为留学生提供公共服务。此外还要发挥留学生的自我管理作用,借助留学生会、留学生社团等组成留学生管理协作小组,倾听反馈意见,加强宣传调研,并赋予留学生在管理中的发言权、建议权和知情权,学校制定的有关留学生管理的制度都应听取留学生代表的讨论意见,做到公正、公开和民主。增加留学生参加学校事务讨论的机会,鼓励留学生提出合理化建议,把学校教育理念和目标融入日常的为学生服务中去,使留学生参与管理真正落到实处而不仅仅是流于开几次座谈会的形式。

5.2.2 尊重文化差异,倡导平等包容、自治互助

留学生来自世界各地,有着千差万别的社会文化背景,每个人的兴趣爱好、智力水平、发展需求各有不同。后现代主义强调多样化、分权化,这就启示我们在认识层面要改变"以我为中心"的管理理念,尊重文化的多样性、包容性;要充分认识到每一种文化关于价值判断的标准在其母文化体系的范围内都有其存在的合理性,只有尊重对方文化才能建立沟通的桥梁,才能对对方的民族特性、价值取向、社会习俗、行为方式有进一步的了解,才能从真正意义上尊重对方,在公允、平等的环境中因材施教。

存在主义的学生事务管理价值观重视学生个人的存在,强调学生学习和发展,

并认为学习和发展是可以分割的，学生对自身的发展负有责任。管理者的任务是帮助学生进行学习，是学校教育的主要组织者之一，也是教育者，是培养人才的主角。

后现代主义的学生事务管理价值观重视学生个体差异，尊重人的价值，珍爱人的生命，关怀人的生活，强调学生发展的完整性，认为学习与发展不可分割，不能对教育管理进行简单化、机械化的处理，而要容纳多样性规则、标准和方案，倡导多样化的管理，培养完整的人。在这样价值观念引导下的学生事务管理者，是"平等对话中的首席，"是学生发展的伙伴，应该利用各种资源、创设各种环境，帮助学生成为"完整的人"。

文化作为一系列观念、习俗、规范和准则的总和，有其自身的特性和运行规律。文化的差异性是客观的，显性的，这种差异是多种多样的：首先是会带来交流障碍的语言差异，其次是价值观念、宗教信仰、社会习俗差异，以及政治经济制度、阶级关系的差异。在工作过程中，我们应该形成尊重差异的工作态度，采取求同存异的方式方法，克服狭隘的"民族中心主义"的思想和"文化优越感"。

我国的高等教育是以公办为主体，教育取向上强调社会价值，学校按照国家的要求目标来培养学生，对学生的管理往往制定严格的制度。在国外，特别是英美和欧洲大陆高校，他们的教育注重体现个人价值，认为学生在行为上有自己的自由，对道德标准、是非好坏有自己判断、选择的权利，他们对学生的管理，主要强调学术上的严肃认真，生活上的灵活开放，主要是创造一种环境，引导学生的正当动机，并提倡学生在这种环境的熏陶下，通过自身的不断切身体验与训练而养成良好的道德习惯。留学生群体带来的固有教育背景的影响，促使我们不得不对现行的教育理念与教育模式进行深刻的反思与调整，以适应多元文化背景下的来华留学生教育与管理。

"专业的留学生事务管理者的职责产生于一定的教育环境下，这种环境既赋予管理者行为权力，同时也决定了其行为界限。在制定或执行学校政策的过程中，他们必须充分了解与高等教育相关的法律法规。同时，为开展有效的教育、引导和管理工作，管理者必须富有正义感，明辨是非。当然，专业实践活动在受限于这些约束的同时也享有其赋予的权力。负责学生伦理道德教育工作的管理者若能深谙工作中的法律法规以及各种先例，就能采取有效措施，以身作则影响他人。法律对从业者的管理方式具有一定的约束作用，同时它也提醒管理者要尊重个人，增强公平办事的意识。"①

在留学生事务管理领域的探索与实践中不断强化跨文化的管理理念，树立"管理即服务"的思想。事实上，柔性管理并不排斥制度管理的刚性，"过刚易折，过柔易曲"，实现管理过程的刚柔并济才是留学生事务管理的应有之义。

5.2.3 来华留学生事务管理的跨文化定位

精确合理的定位是组织有效运行的基础和前提。在高校来华留学生教育管理工作中，管理部门和管理者只有站在一定的战略高度，对自身角色、价值、职责、工作方法在多元文化背景下进行全面衡量与评估，做出精准定位，才能帮助管理者做出正确决策，确定留学生事务管理活动的计划与目标，设置科学的管理机构，合理分配权力职能，对管理过程及效果进行及时调整和评估，从而确保留学生事务跨文化管理工作的有序进行。

第一，角色定位。

在跨文化的管理模式下，留学生事务管理者的权威不是依靠组织授予的权势和地位，而是来自为留学生所认同的管理者的人格特质与人格魅力，凭借管理者为留学生群体发展提供的各种支持路径与环境，从而有效地促使组织成员自我管理的实现。

因此，留学生事务管理者要努力提高自己在管理中的理论研究能力、实践创新能力、文化管理能力和终身学习能力。改变传统的思维模式和心智模式，密切关注社会变化，积极把握留学生特点，深入研究学生需求，主动构建平等交互的沟通环境和渠道。解决好"观念错位"与"本领恐慌"的问题，在管理中成为留学生发展的引领者和激励者，在组织内部成为团队构建的发动者和协调者，成为不同文化的推进者和导向者。

第二，职责定位。

在跨文化的管理系统中，由于作为管理对象的留学生群体是一个具有高成就需求、更多地渴望个性发展和自我提升，以及具有差异化精神需求的群体，因此，留学生事务管理者的职责中最重要的两点是：发现和关注留学生的需求；激励和推动留学生发展。关注个体需求是为了激励个体动机，激励个体则是为了促进学生发

---

① Roger B. Winston, Don G. Creamer Theodore K. Mille. The Professional Student Affairs Administrator: Educator, Leader, and Manager, NewYork: Routledge Press, 2001.

展,更是为了实现教育目标。在现实工作中,不仅要关注工作过程,更要讲求工作的实效和结果,要以"是否真实地有助于学生发展"作为所有学生事务管理者工作考核与评价的标准。

第三,价值定位。

无论是基于高等教育的使命,还是基于学生成长的规律,对于学生个体的激励、学生团体的推动、组织文化的提升、主流信仰的引导,留学生事务管理者仍有巨大的工作提升空间和价值实现空间。仅靠留学生的自觉行动而放弃引导和管理,是教育者的渎职;忽视学生的自主性而盲目引导和管理,也是教育者的落伍。出色的留学生事务管理者在作为管理主体引导学生时,更多地体现在:与学生为友,与他们共同成长。

第四,方法定位。

在跨文化的管理系统中,仅有道德垂范和人格教化的"引",缺少管理模式设计和实施路径支持的"导",管理就是低能和低效的;而没有道德垂范和人格教化的"引",仅靠管理模式设计和实施路径支持的"导",管理则是荒谬与不可靠的。这就要求留学生事务管理者在不断提升与完善自身综合素质、发扬以往好的经验与传统的前提下,以"爱心、热心、耐心、细心、恒心"这"五心"去面对学生,定位工作。要突破既有的思维障碍和认知盲点,积极借鉴相关学科的最新理论研究成果,把握变革趋势,勇于大胆创新,用新的方法、新的举措实现与学生的深层互动。不仅要将所从事的管理工作视为一种职业,更要将它看作一项崇高的事业。

高等学校应该在国家教育主管部门整体战略决策指导下,结合实际,因地制宜地做好学校范围内留学生事务管理的跨文化决策:确定留学生事务管理的计划与目标,设置科学的管理机构,合理分配权力职能,对管理过程及效果进行及时调整和评估。

5.3 高校来华留学生事务跨文化管理的组织系统

管理活动的正常开展需要有完善的组织作为载体。采用怎样的组织形式以及如何将这些组织形式结合成为一个合理的有机系统,并以怎样的手段、方法来实现管理的任务和目的,是管理体制要解决的基本问题。具体而言:管理体制规定了组织系统的管理范围、权限职责、利益及其相互关系,它的核心是管理机构的设置、各管理机构职权的分配以及各机构间的相互协调。管理体制的强弱直接影响到管理的效率和效能。

组织的运行机制在组织有规律的运动中，影响这种运动的各因素的结构、功能及其相互关系，以及这些因素产生影响、发挥功能的作用过程和作用原理及其运行方式。运行机制是引导和制约决策并与人、财、物相关的各项活动的基本准则及相应制度，是决定行为的内外因素及相互关系的总称。各种因素相互联系，相互作用，要保证留学生事务管理工作的目标和任务真正实现，必须建立一套协调、灵活、高效的运行机制。

作为组织有效运行的基本保障，制定严明的管理制度，构建分层管理的契约化模式，培养科学专业的管理队伍是高校来华留学生事务跨文化管理组织系统设计的重要内容。

5.3.1 管理体制与运行机制

高校来华留学生事务管理系统中，科学的机构设置与良好的运行机制是保证管理活动正常有序进行的先决条件。只有设置科学化的分层管理平台，明确界定留学生事务跨文化管理机构的组织职能与权限，实现组织结构扁平化，才能在实践中形成弹性权变的管理运行机制，保证留学生事务跨文化管理活动的有效开展。

在明确机构职能的前提下赋予一线来华留学生事务管理者以适当的自主裁决权，形成弹性化权变的机制，在此基础上积极寻求有利的外部政策支持。

明晰管理系统的组织职能，实现组织权限的合理划分——明确区分上传下达的"行政事务"、与学习和日常生活密切相关的"服务、管理事项"，将留学生事务中的行政事务部分与服务性内容彻底分离，形成留学生管理部门"服务为主，兼顾管理"的职能。

实现管理过程的契约引领，有限管理，有限责任，适当调整管理内容，根据管理内容不同的专业特征交由相关的专业部门，部门之间各司其职，齐抓共管。

长期以来，以行政约束为主导的运行机制，使大学隶属于行政机构或演变为行政组织。虽然近些年有些调整，但从根本上来说，仍然体现着科层制的内在精神。在传统的组织结构中，组织成员仅与其直接上级发生联系，其行为完全服从于上级的命令，组织更关注效率，控制程度高，造成决策的制定和执行两个程序严重脱节。传统的高校学生事务管理中，管理者大多对作为被管理者的学生强调检查和控制。在高等教育转型过程中，在学生利益群体多元化情况下，我国大学的科层管理体制已不能完全适应现代大学的发展，很大程度上抑制了学生主体作用的发挥。因此，高校学生教育管理体制中的层级化、非人格化的结构管理必须迅速调整和变革，弱化其刚性、增强其弹性，以充分体现组织对环境的适应性和应变能力。

留学生事务管理扁平化组织模式就是使事务管理专业人员打破现有的部门界限，绕过原来的中间管理层次，直接面对学生和对学校总体目标负责，从而以群体和协作的优势赢得市场主导地位的管理组织。扁平化是指减少学生工作组织的中间层次，压缩行政人员规模，增大管理幅度，促进信息的有效传递与沟通。目前，大部分高校采用的是直线层级结构和横向职能型结构相结合的管理模式，从学生管理的发展趋势上看，基于以人为本的学生工作理念，使扁平化成为高校学生工作模式变革的必然趋势。扁平化理论的技术支持是信息，扁平化的管理是通过现代化的信息手段，将新的管理思想、理念贯穿到具体的工作流程之中；管理层次的减少和管理幅度的扩大，使信息处理基层化、流程管理简单化；简化组织结构，弱化等级制度，促进了内部信息的交流，强化信息的共享和全员参与决策的过程，使学生工作对内外环境的变化更敏感、灵活。扁平化促进了学生工作信息的流动，使横向信息交流加强，纵向信息流动加速，为高效、科学的决策提供了信息和组织基础。扁平化组织理论运用到学生事务管理组织结构中，会减少学校与学生之间由于信息不通畅而引发的矛盾。减少中间层级，学校管理决策层的意图很容易传达到学生层，学生层的想法与建议也能很快地直接传递到决策层，实现学校与学生之间组织的良性互动。组织管理层越多，满足学生需求所需的时间就越长。不仅如此，组织机构的每个层级都相当于一道关卡，由于主观的原因，信息在经过每个层级时都可能失真，而且层次越多，信息失真的可能性就越大，失真的程度也就越高。这样即便管理人员行动再迅速，待到位时或许就错过了处理解决问题的最佳时机。解决此类问题的有效途径在于缩短"臂长"，减少中间环节，最大限度地使管理者近距离面对学生，以此提高学生事务管理的针对性及实效性。

2010年9月21日，教育部在印发的"留学中国计划"中指出，我国的来华留学事业，实行"教育部负责来华留学工作的宏观管理"的管理机制。"省级教育行政部门按照属地化原则负责本地区来华留学管理工作。来华留学教育机构依据法律法规和规章制度负责本机构内来华留学人员的日常管理和服务"。在工作机制上，"各地教育行政部门是本地区来华留学的主管部门，协调同级外事、公安、财政、人力资源和社会保障、卫生等部门，相互配合、各司其职，形成政府各部门和来华留学教育机构之间权责明确、分工合理、决策科学、执行顺畅、保障有力的管理工作机制"。

不同于英美和欧洲大陆高校在教学与管理上不区分本土学生与国际学生的做法，我国高校普遍设立了专门的留学生事务管理部门——即国际合作与交流处（有高校称"国际合作部"）下辖的独立办公室——留学生管理（工作）办公室（"外国留学生工作办公室"),全面负责来华留学生招生、学籍、奖学金、签证、住宿、生活、安全、交流等事务的归口管理及协调。从而将国内学生的管理与留学生的管理作了明确的区分,这在给实践工作带来一定便利的前提下,也出现了一些沟通或信息共享方面的脱节,甚至在一定程度上导致教育资源的浪费。

可以采取学校管理与自我管理相结合的方式,例如,可以按照国籍和区域设立类似于中国的学生会等机构的留学生自我管理组织,校方可以为其提供办公场所或者其他活动场地,当然,在这样的集会或者聚会中,应该由中国校方的管理者对其活动进行全程的积极引导和监督,避免有损害国家利益的不良行为出现。这种学生自我管理组织中的领袖人物,往往要具备独特的人格魅力与良好的沟通协调能力,成为联系留学生与管理者之间的桥梁和纽带。校方可以根据留学生的民主意愿,选择有号召力、综合素质良好的学生担任,以此充分发挥来华留学生群体中的"头羊效应"。

5.3.2 管理制度与运行模式

留学生事务管理系统具备较强的综合性与实践性,如果没有一定的制度来协调各方面的关系,就会变成一盘散沙。学校制定来华留学生事务跨文化管理的制度,旨在把管理相关层次与部门加以组合协调,使工作有一种规范化的秩序,各项工作有章可循,有条不紊,从而达到最佳的工作效果。

(1)来华留学生事务管理制度的制定

制定一套合理完善的、切实可行的规章制度是做好高校来华留学生教育管理的重要保证。这不仅仅是来华留学生教学、管理的需要,同时也是一种教育的手段。合理的来华留学生事务管理规章制度是文化价值观念和思想品德的规范要求,对于保证教学质量、规范管理秩序、提高留学生遵纪守法的自觉性都有重要的意义。

从字面上看,"制度"是"要求大家共同遵守的办事规程或行动准则",也就是"国家机关、团体、企业、学校等对行政管理,生产操作,学习和生活等方面所制定的各种规则、章程和制度的总和"。来华留学生事务管理的制度就是有关指导来华留学生事务跨文化管理实践的准则,必须切合实际,符合教育管理的规律,服从和服务于留学生事务管理的根本目的,同时具备客观公正的特点和一定的科学化水平。做好来华留学生事务的跨文化管理,既要"晓之以理,动之以情",又要"约之以规"。没有规矩,不成方圆。没有明确的制度,管理的各项要求就会空乏无力;严格合理的管理制度,则可以培养留学生良好的行为习惯。

从文化层面上看，制度是文化的体现，同时又可以使文化得以强化。留学生事务管理制度必须具备深厚的文化内涵，避免"违者罚款、违者予以处分"等生硬的字眼出现。在每一项制度的每一条规范之间，应该具备互补性与制约性，这样的制度才能维持跨文化管理活动的良性运转。

影响来华留学生事务跨文化管理的因素有很多，但管理制度是最重要的制约因素。应该通过建立健全高校留学生事务管理制度，并且保证严格规范地执行，为高校来华留学生事务跨文化管理科学化水平的提升提供制度保障。

首先，政府要建立留学生事务管理职业资格证书制度。职业资格证书制度是国家对各行各业从业人员规定的职业准入制度。留学生事务管理资格认证不仅要考核高校来华留学生事务管理从业者人选的学历水平，还要考核其思想政治表现、职业道德水平、领导组织能力、教育管理能力、身体条件和人格特征等。

其次，逐步推行高校来华留学生事务管理人员聘任制度。明确学生事务管理人员的任期资格，逐步建立高校来华留学生事务管理人员公开招聘、竞争上岗的机制。

最后，加强高校来华留学生事务跨文化管理的制度建设，一是要建立明确规范的留学生事务管理队伍的资格聘任制度、培训制度、考核与监督制度、职务晋升制度、薪酬制度以及相关的工作保障制度等；二是应该按照教育行政主管部门的文件精神及时制定留学生事务管理的校本制度，内容应该涵盖入学前的招生宣传、招生工作、新生入学辅导、勤工助学、奖惩评估、档案管理与日常行为管理等；三是应该明确留学生事务管理直接领导部门的相互分工与职责，明确其人员编制、工作流程、工作指标和奖惩规则；四是激励学生进行有效的自我管理，明确留学生会、留学生社团的建立、考核与保障制度。

在来华留学生事务管理的实践中，管理者的专业伦理也是需要明确加以规范的。

伦理作为长期形成的、得到人们认可和赞许的社会规范和价值准则，是特定的行为方式和生活方式。不同国家的学生事务管理都是在相应的文化背景下、遵循符合教育规律的价值观念和伦理原则。我们应该把留学生事务管理视为一种道德事业，留学生事务管理者必须不断发现、界定和践行道德规范。其价值观为互动、诚实、自由、平等、公正和团结，也包括利他主义、人的尊严、忍耐和宽容。

在这个层面上，我国高校的来华留学生事务管理应该遵循平等公正、以人为本的伦理原则。平等是管理者与留学生之间无论国籍、文化背景、社会形态存在怎样的差异，在人格上都是平等的。在高校的留学生管理过程中，都应该坚持一视同仁，主持公道。以人为本是服务者与服务对象之间的伦理原则，遵循此原则的管理者应该做到尊重学生的人格、树立服务意识、实施柔性管理。

在本研究"2.2.3"部分，已经详细考察了新中国成立以来我国留学生事务管理相关制度的建设历程，发现在制度建设方面还存在着一定的缺陷与不足，这就为我们留学生事务跨文化管理的制度设计提出了新的命题。改变制度建设的滞后，制定与时俱进的来华留学生事务管理制度是一项艰巨、细致的工作，制度的政策性、科学性、教育性、严肃性、稳定性、适应性应该成为制度制定的出发点与归宿。

①政策性

国家方针、政策、法律法规是制定来华留学生事务管理制度的基本依据。制定来华留学生事务跨文化管理制度，要从我国基本国情出发，必须符合国家的政策、法规，符合教育方针。例如，关于留学生事务日常管理的制度，应该符合"学习上严格要求，认真帮助；政治上积极影响，不强加于人；生活上适当照顾，严肃管理"的教育方针；在《来华留学生手册》中，应该体现出与来华留学生关系密切的法律内容。如《中华人民共和国治安管理处罚法》、《中华人民共和国入境出境管理法》、《中华人民共和国集会游行法》等。

②科学性

来华留学生管理制度，是指导来华留学生事务跨文化管理实践的准则，必须切合实际，合乎教育规律，具备科学性。我们应该从学校实际出发，充分考虑留学生的思想、文化、心理等特点，维护留学生的合法权益，既体现学校集体的意志、传统和风格，又使留学生的学习、生活、娱乐等方面得到妥善安排。在制度设计中应该用科学的态度对待留学生不同的社会背景、宗教信仰、价值观念、文化传统；明确区分政治问题上的模糊认识、不同政治观点同污蔑、挑衅性言行之间的界限；允许留学生在学术问题上自由讨论、发表不同的见解；在生活方式的问题上，只要不触犯我国法律和校规校纪，都应该视其为允许范围之内，不进行干预。

③教育性

来华留学生事务跨文化管理的制度，是要求学生共同遵循的行为准则，是一种实际的教育手段。高校的首要任务是教育人、培养人，因此，制度的制定也要从教育意义和教育指导思想出发，使每一项制度都能够彰显鲜明的针对性和教育性。例如，对留学生进行以中国传统文化为主要内容的通识教育，① 引导他们勤奋学习，遵纪守法，团结友好；帮助他们了解中国的政治、历史、文化、经济和风俗习惯，正确认识我国的国情和政治主张；培养他们成为学有所长，身心健康，知华友华的各国优秀人才。

④严肃性

来华留学生事务跨文化管理的制度，应该带有一定的约束力和强制性。必须认真贯彻，严肃执行，维护制度的严肃性和权威性，才能发挥其应有的效能。

⑤稳定性

来华留学生事务跨文化管理制度的功能之一，就是使行为规范化、经常化，这就要求制度本身要具有相对稳定性。朝令夕改，会使管理者与留学生都无所适从，不利于学校秩序的稳定，也有损于制度的严肃性。各项制度之间要互为条件，互为因果，相互支持，互补统一。在其中一项制度需要调整时，要考虑到对其他环节的影响。

⑥适应性

人们对事物的认识随着事物本身的发展而发生相应的变化。来华留学生事务跨文化管理的制度随着时间的推移与外在环境的变化，难免出现一些不适应状况，这就需要我们不断地完善，在适当的时候修订，不适当的内容要删去，不全面的内容要做相应的补充。制度不能凝固和僵化，要适应客观事物的变化，要保持一定的弹性和活力，与时俱进，为来华留学生事务跨文化管理工作的科学、规范、透明提供支持和保障。

(2)来华留学生事务管理制度的执行与实施

制定来华留学生事务跨文化管理的制度是一项艰巨、细致的工作，执行实施制度更是如此。

①留学生事务管理者应该成为遵守制度的榜样力量

《论语·子路》中，孔子说："其身正，不令而行；其身不正，虽令不从。"

这就启示我们，留学生事务管理者的模范作用非常重要，他们必须以身作则。要求留学生做到的，自身要首先做到。例如，要求学生不迟到不早退，组织参加活

---

① 通识教育的思想源远流长。《易经》中主张："君子多识前言往行"；《中庸》中主张，做学问应"博学之，审问之，慎思之，明辨之，笃行之"。古人一贯认为博学多识就可达到出神入化，融会贯通。《淮南子》中说"通智得而不劳"。通识教育可产生通人，或者称之为全人。《论衡》中说："博览古今为通人"，"读书千篇以上，万卷以下，弘扬雅言，审定文牍，以教授为师者，通人也"，"通人胸中怀百家之言"。通识教育可产生通才，即博览群书，知自然人文，知古今之事，博学多识，通权达变，通情达理，兼备多种才能的人。

动时，留学生事务管理者必须要做到严格守时；要求留学生尊重我国的风俗习惯，相应的是我们也要尊重他们的习惯；要求留学生遵守生活管理制度，前提是服务人员良好的服务态度和服务质量。"行胜于言"，屡次说教不抵一次掷地有声的践行示范。

因此，对来华留学生事务管理制度的认识，必须解决对管理的双向性认识的问题。作为一项科学的制度，应该能体现出一定的社会关系双方的权利和义务，并对双方的社会行为有所规定。制度不仅仅是对来华留学生单方面行为规范的规定，同时也规定了留学生事务管理者的行为规范。

②来华留学生事务管理制度的实施，也必须强调管理者、留学生的自觉性

来华留学生事务管理制度，既有强制性、约束性的一面，也有强调自觉性的一面。在制度的实施过程中，要处理好被动和主动、外在要求与自觉自律的关系，让管理者和留学生双方在实践中认识到遵守制度的重要性，提高遵守制度的自觉性。

③要反复宣传，形成良好的舆论环境和行为习惯

反复宣传的目的是造成良好的舆论，形成遵纪守法的良好氛围。学校可以利用网络、宣传栏等工具，以及来华留学生新生入学辅导和教育等场合，采取多种形式，开展经常性的宣传教育活动。除了说理教育之外，还要抓好行为训练。

④严格要求，加强监督和检查

为了使留学生自觉地执行有关管理制度，有必要对他们进行经常性的督促和检查。没有严格的要求，执行就会大打折扣。严格要求体现在实践中就是要确保制度的严肃性。检查则是制度实施的关键环节，目的在于及时发现问题，采取相应措施纠正偏差，保证各项制度落到实处。否则就会心中无数，久而久之，制度就形同虚设，犹如一纸空文，规范管理更无从谈起。

⑤适当奖惩，维护制度的权威性

在制度执行的过程中，没有奖惩就没有权威性，奖惩也是一种管理的手段。奖励的部分就是制度中倡导的内容，惩罚的就是制度中禁止的部分。通过奖惩，明确表明学校提倡什么，反对什么，让留学生们有榜样可循，同时明了违反制度的行为所产生的不良后果，以此增强他们的自我约束力。

(3) 分层管理的契约化模式

在系统论中，层次是指构成大系统的各个子系统及其要素之间的可被识别的差异性，表现为数量、质量、等级、规模、尺度上的差别。划分层次则是为了识别事物存在的差异性，是对事物及其概念由少而多、由简而繁、由粗而精的识别、分解过程。分层次认知的目的是为了更精细地探索事物发展变化的过程内在规律，以便

更好地掌握这种变化的秩序和规则,进而去认知、管理和利用事物发展变化法则,为人类发展服务。管理实践中,分层次管理就是指在特定的环境条件下,为实现管理的目标,对各管理对象进行合乎目的的精细分层,并根据各自层次的管理需要,设计决策、计划、组织、控制、协调等管理职能层次与之相对应,系统协调地整合管理资源,实现各层次对象管理的最优化,以尽可能少的要素投入,获取尽可能多的产出的过程,其核心任务是划分管理对象的层次,研究其层次存在主要影响因素,根据管理目的设计管理职能,提高各层次功能需要的管理办法,实现优化管理和促进管理的有效性、高效率的实现。分层次管理还必须具备以下三个基本要素:一是管理对象客观上存在层次性;二是管理方法的层次性;三是分层次管理最终反映的管理效果也是不同的,其管理效果可以分别进行测评,其差异性可以被识别。分层管理模式具体在操作层面上,有如下两层含义:首先,在招生入学之初,按照是否在中国取得学位的标准将所有来华留学生分为"学历留学生"和"非学历留学生"两大类;其次,在对其进行分类的基础上,有针对性地采取不同的管理方式进行学习和日常管理。

从高等学校与学生的关系、高等学校的产生及本质三方面看,校规作为高等学校与学生双方权利(权力)义务的表现,无疑具有契约的属性。基于学校与学生平等的民事法律关系构建现代学生事务管理模式是高校面临的新课题。建立"契约化"学生管理模式是解决学生的法定权利和高校的教学、管理秩序之间冲突的有效途径。契约化管理把高校与学生作为具有平等地位的民事主体,认为双方基于教育合同而形成民事法律关系。双方就教育合同的履行约定各自的权利义务,对每一方的行为方式及违约责任进行界定。当前,我们正处在从行政社会向契约社会转变的历史进程中,越来越被一种法律或契约的责任所包围。契约,也称为合同,它是双方(或数方)当事人依法订立的有关权利和义务的协议,也可以说,契约是各方基于平等基础上建立起的一种权利义务关系。契约可分为正式契约和非正式契约(心理契约)两种形式。大学生"契约式"管理模式就是用"契约"的方式明确高校与大学生之间的权利和义务关系,把学校学生管理的任务、服务内容逐项分解,以求分级管理、权责明确、责任到人。这种契约特指在高校思想政治教育和管理、服务过程的权利和义务关系的协议。这种契约因其性质和内容的不同,可分为"公契约"和"私契约"。以培养人才、发展科学、服务社会为目的而形成的契约为"公契约",即行政契约。在行政契约关系中,契约的自由原则受到限制,契约内容必须符合法律、法规的规定,其缔结、履行等都必须严格依据法律法规的规定,契约双方无完全的自由处分权;以围绕学生日常学习和生活的特定方面而在主体之间产生的契约为"私契约",

也就是民事合同。在这种契约关系中，当事人法律地位平等，意思自由，但合同一经成立，即具有法律约束力。大学生管理中的契约，其主体是学校、后勤实体、社区管理部门等和学生，既存在行政法律关系，又存在民事法律关系，其客体是主体权利义务指向的对象，特别是行为，契约期间从学生报到注册之日开始到毕业或终止修业之日起结束。建立一种新型的以契约关系为基本内容的"契约化"管理模式是高校学生管理实践发展的必然选择。在契约化的学生管理模式中，学校与学生表现为一种互相影响、互相适应的动态模式。互相影响，即学校在学生管理契约化中居于主导地位。契约精神不仅仅是被动的，它以学生自由表达对学校管理予以同意或认可，从而影响到学校学生管理的权威。互相适应，即学校学生管理工作与学生在互相影响的过程中不是消极的影响与被影响的关系，而是一种能动的、积极的适应过程。学校学生管理工作对学生的适应，就表现为学生管理者在学生管理活动中带有弹性或妥协性，以及学生在管理活动中的自由选择性。学生对学校管理的适应则表现为学生主动性的发挥以不损害学校为限，而且必须与公众舆论相一致。契约化学生管理模式与刚性的学生管理模式相对立的便是契约精神在学生管理过程中的体现。它以契约形式改变制度化学生管理模式的单向性、简单的命令服从关系，以契约方式树立学生工作者与学生信任、沟通与合作的新形象。

通过一定的访谈、调查与实践，综合考察并借鉴国(境)外高校学生事务管理的先进做法与经验，笔者认为，我国的高校来华留学生事务管理，应该结合高校自身的发展水平与管理特点，在遵循"跨文化管理"基本理论的前提下，构建符合高校发展水平的留学生事务管理模式。

留学生数量少、规模小的学校，可以通过国际处下设留学生事务办公室的机构设置方式进行全面管理。

留学生数量多、规模大的学校，则可以通过学校设立集教育、教学、服务、事务性管理为一体的"国际文化交流学院"的方式实行契约化管理。具体而言，调整小规模留学生时期管理机构行政管理为主，政治干预性突出的特点，设立与留学生规模化增加相适应的机构，强调机构的"去行政化"，更加突出机构的"服务"性特点，彰显留学生事务管理机构的教育与服务性特征。

针对高校来华留学生的规模和特点，结合高校实际，笔者建议，在管理实践中尝试设置留学生事务分层管理平台(如图5-1所示)。分层管理模式具体在操作层面上，有如下两层含义：首先，在招生入学之初，按照是否在中国取得学位的标准将所有来华留学生分为"学历留学生"和"非学历留学生"两大类；其次，在对其进行分类的基础上，有针对性地采取不同的管理方式进行学习和日常管理。概括起来，这一机构的核心在于"学历留学生管理趋同化"与"非学历留学生管理市场化"。对于学历留学生，采取高等教育领域国际上通用的趋同管理方式，统一纳入本土学生管理体系中，使留学生和在校的同级中国学生在住宿、图书利用、学生组织活动等方面都一视同仁，为中外学生充分融入交流创造条件。高校也可以根据校学生的规模，成立学生会或留学生会，以加强留学生间的相互联系。在促进留学生更好更快地融入中国高等教育大环境的同时减轻高校国际交流部门的压力与负担。

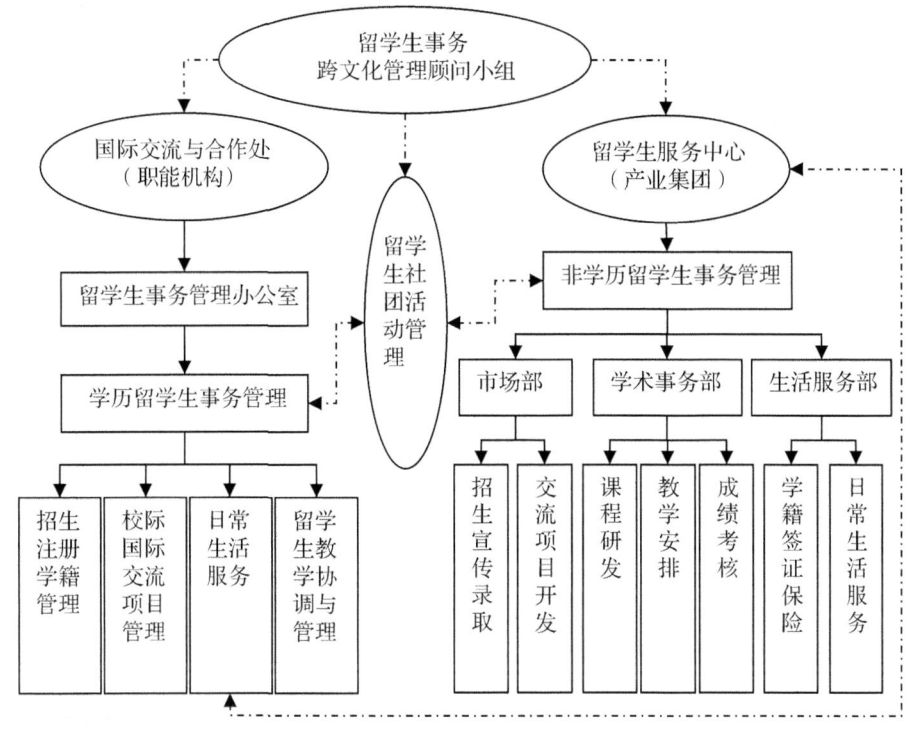

图 5-1　高校来华留学生事务分层管理平台

对于短期语言生、进修生，则可以由专门的留学生服务中心全面负责。鉴于留学生来华学习的情况多种多样，这一机构可以充分发挥市场优势，通过市场化的运作，提供跨文化的生活环境咨询、饮食、文娱照管、医疗保险、法律咨询等一系列服务；开设各类有特色的班级与课程，如汉语、中国概况、中国音乐、绘画、饮食、哲学、中医等对其进行中华传统文化的普及与教育。还可以为学位预科生开设特定语言强化课程。除此之外，在管理上也可以采取灵活多样的方式，例如对于住宿，可以借助中介，联系中国的 Homestay①或是租房。不过，鉴于留学生的性质比较特殊，服务中心有必要密切联系地方的外事管理部门或机构，如出入境管理局等，并通过稳健的管理系统对学生的身份、签证、停留时段、境内担保、学习成绩等各项事务做详细管理，从而形成权责明晰、运转协调、管理高效的分层管理平台，实现有限资源的优化配置与合理利用。

笔者认为，科学的留学生管理机构应该由留学生办公室和留学生服务中心两部分构成。留学生办公室是学校的职能管理机构之一，负责入学申请、学业咨询、签证指导等与学籍管理密切相关的事务管理，市场化的留学生服务中心为留学生提供各种专业化的生活服务，管理与服务通过不同的职能部门实现，形成完善的留学生管理组织体系。

受组织行为学中虚拟组织设计理论的启示，在分层管理体系中，由学校分管外事工作的副校长牵头，选择具备海外留学背景的专家教授、国内留学生事务管理资深专家、留学生事务一线管理人员、留学生代表等共同组成的来华留学生事务跨文化管理顾问小组可以作为一个机动灵活的虚拟组织存在，平时可以分散在各院系、各岗位，在必要的时候组成以"灵活性"、"专业化"以及"问题趋向"为显著特征的"专家顾问团"，对留学生事务的管理进行指导，由留学生事务办公室的在职管理人员担任团队领导，成员可以根据留学生的群体特征从在校研究生中挑选具备一定语言能力和管理能力的志愿者来行使日常的管理职能。这样的组织结构特点在于，在避免留学生事务管理机构一线管理人员数量不足的同时，充分发挥了研究生群体的语言、思维活跃、组织管理灵活的优势，达到充分利用高校的既有资源，弥补现实工作中管理者数量不多、人员素质有限的不足。从而真正实现来华留学生事务的跨文化管理。

后现代主义主张尊重差异性、尊重多元性，提倡珍视人的差异性与独特性。这就启示我们，每一位来华留学生都是独特的个体，带有其所在国社会背景与传统文化的特质，其差异性是必然存在的。因此，留学生事务管理方式也需要打破以往管理的刚性统一与利益格局，实行分层级的、差异性管理。

目前，我国多数高校的留学生事务管理工作的重点是用严格的校纪校规来规范、约束留学生行为。这种管理方式一方面由于其以一种强制性态度管束学生，主要用检查、监督的办法规约学生，所以管理的要求很难内化为留学生的自觉行为要

---

① [Australia] Flicity Fallon：《Report of A Visit of to The CAFSA International Education Association and Universites in China》，载《外国留学生工作研究》，2010(02)。

求，而且极易引发留学生与管理者之间的误会与冲突，使管理工作的效率大打折扣；另一方面，由于偏重管理，服务学生明显不足。事实上，服务学生、发展学生才是留学生事务管理的根本使命，然而在具体操作上，人们过多地强调了管理，管住学生成了全部工作的内容，而为学生的服务往往流于形式。后现代主义对差异性的强调，告诉我们要改变以往学生管理中仅仅依靠一种方式去影响甚至制约所有学生的做法，改变科层制采取统一方式对待事实上有各种差异的留学生个体。要在跨文化理论的指引下有针对性地实施各种不同的管理方式，诸如，可以吸纳留学生参与自身的管理，这样既可以调动学生积极性，又可以改变学生在管理中的从属和被动地位。

此外，"平等"管理至关重要。这里的平等是指后现代主义所主张的"异质"的平等，即"摒弃一切歧视，接受和接收一切差异"，用不同的标准去要求和评价不同的对象。这就启示我们在管理过程中要倾听不同的声音，抓好深层次管理而不仅仅浮于表面，要建立、健全、完善一整套科学、规范、完整的规章制度，从以直接管理为主转变为以宏观导向管理为主，从以管理者管束为主转变为学生自主管理为主，从被动式强迫式管理转变为主动式民主式管理。

5.3.3 管理队伍的构成及发展

高素质的管理队伍，是管理目标得以实现的人力保障。专业的管理人才能够帮助管理活动达到事半功倍的效果。在高等学校留学生管理领域，留学生事务管理者的素质，直接影响着管理活动的整体水平。因此，培养专业化的管理人员，建设科学化的管理队伍至关重要。

(1) 人员培养专业化

留学生事务管理者应具备多门专业知识和技能，其专业化是指经过专门教育培训的人员走上留学生事务管理岗位，并且在实际工作中不断提升专业知识和技能的过程。只有在专业化建设的基础上，才能更好地去规划留学生事务管理者队伍的职业化发展，才能真正建设一支专门的高水平的学生事务管理队伍。需要明确的是，留学生事务管理队伍的专业化是指人员专业化培养、职业化发展的队伍建设理念和导向。留学生事务管理者的专业化包括专门的知识和技能、有专门的工作领域、要强调专门的服务理念和职业伦理、有专门的训练和教育培养的设施、对职业能力有专门的测验和测试及过硬的专业团队。技能是构成专业要素的关键，同时它本身也需要专业理论和知识来支撑。留学生事务管理工作要有相应的专业知识和技能要求，否则就不可能形成专业；还要有相关学科的建设，否则就不可能持续发展。留学生事务管理者的技能包括开展留学生学业指导、生活辅导、生涯规划等方面的教育、管理和服务活动。一个专业只有具备了专门的、其他专业无法替代的服务领域，才是一个成熟的专业，这体现了工作职能的专业化。专业行为准则是专业伦理的一种外在表现。留学生事务管理者在世界观、人生观、价值观方面，在心理素质、意志品质、职业道德等方面都要有明确的要求，这是职业素养的专业化。教育和训练是专业化的关键。要有专门的教育培训机构，需要包括上岗培训、日常培训、高级研修、专题研修、学历学位培养在内的完整的教育培训体系，内容包括心理咨询、就业指导、职业生涯规划、教育管理方法等的掌握和运用，还有对相关政策的理解和执行能力等，这体现了教育、管理和服务的专业化。专业需要有考核和测定，需要有严格的认证制度。要研究和分析一线留学生事务管理者的基本能力要求，设计能客观反映这些能力的测验内容和测试方式，实行职业准入和上岗认证。

高校留学生事务管理专业化是指摒弃经验式的工作模式，代之以学科化、研究型、学术式的留学生事务管理运行机制，其行为方式是以科学的理论为指导，实现其管理队伍向职业化、专业化及专家化的方向发展。它具有如下特点：事务管理技能的理论性和研究性，事务管理理论的学科性与专业性，管理队伍组织建设的不可替代性。在高等教育不断改革与发展的形势下，高校留学生事务管理的专业化应从静态与动态两方面进行理解。从静态角度看，是指留学生事务管理成为一个系统的专业，被纳入学科领域中，身居留学生事务管理岗位的从业者具有较强的专业理论与技能，在工作实践中表现出较强的专业性。从动态角度看，留学生事务管理专业化是一个不断发展的过程，不断加强学科化建设的过程以及留学生事务管理者不断地学习与实践，逐渐成为一名专业人员的过程。当前，高校留学生事务管理专业化更符合动态内涵，即应从不断发展的视角去审视与把握。留学生事务管理人员培养专业化，要求从业者要努力成为以留学生事务工作为职业的专业型人才，并向专家学者型方向发展。积极鼓励从业者成为有效指导留学生学习、心理健康教育、职业生涯规划、社会实践、社团活动及就业创业等方面的专业人才，而不是仅仅从生活上进行特殊关照的"生活保姆"。建设专业化的高校留学生事务管理队伍，必须坚持以事业凝聚人，以待遇吸引人，以政策发展人及以制度保障人的原则。认真贯彻落实《留学中国计划》中"完善来华留学管理工作人员培训制度。加强培训机制建设，建设一支相对稳定、爱岗敬业、熟悉外事、精于管理的留学人员管理工作队伍"的要求，高校学生事务管理队伍专业化既是一个目标，也是一个过程。从目标的视角而言，高校学生事务管理队伍专业化是指把高校学生事务管理者培养成为具有一定专业技能的教育管理及服务工作者；从过程视角而言，高校学生事务管理队伍专业化就是指依托现实中的一定专业（学生事务管理专业），把从业者有针对性地培养成专业化从事大学生事务管理的专业性人员的过程。

(2) 队伍建设学科化

学科建设为留学生事务专业化提供坚实的专业保障。留学生事务管理是一项专业性很强的工作，其育人目标的实现有赖于对学生发展规律及教育规律的深入研究和把握，涉及教育学、心理学、管理学及社会学等诸多学科领域。为适应高等教育发展的需要，更好地发挥学生事务管理的育人作用，应通过建立相应的学科点，将学生事务管理与学科建设紧密地结合起来，加强对学生事务管理基本理论及基本规律的研究，进一步总结提升对学生事务管理工作的认识，构建科学化、规范化的学生事务管理新型理论框架和工作模式，积极推进学生事务管理专业化建设，不断增强学生事务管理理论与实践的学术性与科学性。学科化发展主要表现在：凝练研究方向，搭建研究平台及整合研究队伍。凝练研究方向，就是在全面把握留学生成长、成才中迫切需要解决的各种实际问题的基础上，从学科建设的角度，通过凝聚和锤炼形成若干学术研究方向，引导从业者广泛参与到这些研究中，借助研究提升自身的专业素养和队伍的专业化水平，从而为队伍的专业化建设奠定坚实的理论基础；搭建研究平台，寻求学生事务管理队伍专业化建设理论支撑，建议相关部门围绕学生事务管理队伍的专业化建设，选择具有相当学科建设水平的高校进行宏观布点，建立若干个国家级的"研究基地"或"研究中心"，并以这些基地为核心，构建从部、省到高校的立体化研究基地网络，并依托该网络来推进从业队伍的专业化发展；整合研究队伍，加强学生事务管理队伍研究协作力量，应根据从业者工作的内在要求，构建系统的辅导员选拔、培养、评价和流动机制，造就一支"能研究、会管理，擅创新、重实践"的专业化队伍，还要广泛开展学生事务科研活动，增强学生事务研究的国际性与开放性。

随着我国国际化水平的提高，留学生规模的扩大和数量的增加，对于留学生管理干部的要求也越来越高。为了适应这种需求，应着力培养一批思想过硬、业务素质优、政策水平高、管理经验丰富的年轻留学生管理干部。以提高效率为目标，积极借鉴国际知名大学的运营机制，推进行政管理、教辅服务、后勤服务的国际化建设，提高社会服务意识。尊重留学生的民族习惯与宗教信仰，同时强化留学生的自律意识与安全观念。

我国的教育历史悠久。学校与学生的关系、教师与学生的关系长期以来受到以儒家学说为主导的传统文化影响。在我国，自有学校和学生开始，封建礼教对师生的关系一直是"师为上、生为下；师为主、生为仆；师为尊、生为卑"，若以"二元对立"的现代范式来分析这种现实，教师就是处于"主体"、"中心"那一极，学生则永远是客体与边缘化的。在这种师生观的支配下，学生本应该拥有的权利得不到承认和保障，学生事务管理强调权威至上，学生对学生事务管理者一切指令的绝对服从和对学校所有规定的无条件遵守。

后现代主义主张师生之间应该形成一种主体间平等对话的关系。这也意味着留学生事务管理者要重新定位自己的角色，实现从管理学生、支配学生到主动为学生服务的角色转换，从权威的代言人到平等主体间的首席。当然，后现代主义主张的"权威代言人角色的消解"并不意味着管理者与留学生在教育管理过程中的角色作用完全统一，更不意味着留学生事务管理者和学生丧失各自的独特地位和区别性。留学生事务管理者工作中的重点和方向已转变为学生学习的帮助者、促进者和启发者，已从独奏者的角色过渡到伴奏者的角色。

和谐社会大背景下，高校学生事务管理应该改变传统的以服务学校为工作导向，强调权威与服从的理念。"以人为本"才应是高校学生事务管理的基本价值取向。留学生事务管理的宗旨是服务留学生、发展留学生。是以人全面、自由的发展为核心，以个人的自我管理为基础，以组织的共同目标为引导，通过给予成员充分的授权和信任以及成员的积极努力，从而实现成员全面、自由的发展。这一理念"强调一种朝向人的、水平的管理风格，而不是朝向任务和功能的管理"。[①]留学生事务管理应该反映留学生的合理需要，爱护他们的人格与尊严，指导他们的学术与个性发展，激励他们不断进步，向他们提供各种可能的、必要的服务与帮助，以全面实现大学教育的目标。

在此意义上，留学生事务管理者要明确自身的角色定位，管理者自身不能始终以"干部"自居，否则会使整个工作系统出现指导方向上的偏差。高等教育的目的是培养全面发展的学生，而管理的任务就是为实现学生的全面发展而服务，一旦打上"干部"的烙印，留学生事务管理者就会从内心深处远离"平等、沟通与服务"，代之以"权力、命令与服从"，这是与"以人为本"的管理宗旨背道而驰的。因此，留学生事务管理者要对自己在管理过程中不同阶段的角色有清醒的认知和明确定位，从以往的"工具理性"上升到"以人为本"，从权威的代言人转变为平等中的首席，[②]尊重学生的主体地位，在与学生的交流过程中给予其充分的话语权。具体在留学生管理工

---

① 游敏惠：《浅析后现代主义对高校学生教育管理的启示》，载《高教探索》，2006(1)，47—50页。
② 储祖旺：《高校学生事务管理教程》，72—73页，北京，科学出版社，2008。

作上，就是改变过去以硬件管理、生活条件为优先考虑的思想，而转向以思想观念适应带动行动适应的工作方法，尊重学生的文化传统，理解其文化差异，真正从爱护理解学生角度去分析和解决问题，做到"思想上尊重、行动上关怀"，坚持管理原则的统一性到具体事务的区别对待。

2010年9月21日，教育部印发的"留学中国计划"中明确指出，要"完善来华留学管理人员培训制度。加强培训机制建设，建设一支相对稳定、爱岗敬业、熟悉外事、精于管理的留学人员管理工作队伍。"

调查表明，国内高校在留学生事务的管理方面大多采取了大体一致的机构设置与人员的配置方式。[1]高校留学生事务管理队伍的发展在这种机制下缺乏职业化的人员聘任制度。一般高校习惯用毕业留校的本科生、研究生充实留学生事务管理队伍。尽管有公开招聘、组织推荐方式等，但是对于选聘人员是否具有相关学科基础与工作技能却缺乏明确的标准和程序。在选择时通常认为只要能够熟练运用英语交流就可以胜任留学生管理工作了。这与实际工作所要求的能力素质还是相差甚远的。比如，是否有危机事件处理能力，是否有超强的沟通能力，是否有极具亲和的人格魅力等，都应该成为聘用人员考核的指标。但是实际操作过程中并没有得以实施。

留学生事务管理的终极目标是为实现人才培养目标服务。留学生事务管理并不是脱离于学校学术活动之外的教育活动，也不是与学生的学术活动相对立的"另一种教育活动"，恰恰相反，它在其特定的领域里运用更为丰富多样的教育手段为学生提供服务，向学生施加影响，而目的只有一个，即为实现学校的办学目标服务。因此，不论是那些被我们所推崇的国外顶尖大学，还是一批正在努力跻身于世界一流的中国大学，留学生事务管理基本理念与终极目标是一致的——以人本主义理念引导管理实践，时刻关注留学生的全面发展。

在调查和访谈中，留学生事务一线管理者普遍建议增设含留学生事务管理方向的学生事务管理专业，培养留学生事务管理领域包含本科、硕士、博士在内的多层次专业人才。

该专业学生应该掌握包括英语在内的至少两门外语，这样在面临对零汉语基础的留学生的交流问题时才能够避免不必要的时间与精力的浪费；在学习期间至少要有一次到国内外高校留学生事务管理部门短期访学的经历，这样，在实际工作的实践中才能够做到言之有物，行之有度，避免"空想臆造"和"闭门造车"。

---

[1] 杨慧：《我国大学留学生事务管理机构研究》，23页，上海，复旦大学硕士学位论文，2008。

专业的留学生事务管理者应该运用多种途径来捍卫道德准则：不但要在生活中和工作中树立一个有责任心、理性、富有同情心及遵守行为道德准则的典范，公平公正地实施机构的行为准则以及其他规定和政策；还应该挑战所遇到的任何不道德、非法及非正义的行为和政策。

留学生事务管理者通过有效实践活动使学生获得成功所面临的挑战和机遇是多方面的，需要同时扮演以下三个方面的专业角色：教育者、管理者和领导者。他们必须同时是精明干练的教育者和领导者，又是经验丰富的管理者。为了更好地理解这三种角色，更确切地说，是更好地理解他们作为管理者角色的三个不同的方面，我们必须采取一种综合的视角。

理解这种观点需要充分了解协作行为模式，即综合实践活动的作用。如果学生事务管理者们能够自如地运用这种模式去指导实践，就能创造更大的可能，从而在三种角色中达到一种平衡。例如，领导者角色在工作中可能遇到的问题，在类型与性质上可能与教育者更为接近。而管理者角色更强调执行任务的方式和环境。以制定校内行为准则为例，尽管各个学校的标准都不同，但基本目标都是学习和实现社区背景下的道德价值。学生事务管理领导者是展现公正、诚信和制度规则的主要角色。尽管留学生事务管理教育者认为"做我所做"、"为我所为"是合适的，但这些对学生的学习和行为的内化来说是不够的。因此，必须提供一些其他的学习机会。这就是为什么大多数院校的学生事务管理教育者会在制定、管理和执行一系列行为准则时最大限度地确保学生参与，而学生事务管理者则负责确保提供合法环境、运营支持、沟通方式及公共关系策略。

在某些方面，学生事务管理者的功能就是兼顾好身为领导的教育者和身为教育者的领导这两种角色。管理者要创造一种稳定的环境和秩序并在短期内通过改进活动的程序和参与方法来巩固这种环境和秩序。在多元文化环境中，所有群体，尤其是一些弱势群体，都明白有一点是很重要的，那就是如何能证明自己已经采取有效措施来实现目标或实现由学生事务领导者和教育者所促成的良好变化。例如，消除一些对于残疾人而言的可视障碍(如人行道上的障碍物、非自动门等)。要成为办事有效的学生事务管理者，关键是要在教育者、领导者和管理者三者之间建立平衡。[1]

在本研究"4.1.2"对"美国高校学生事务管理队伍"的探讨中，我们看到美国高校公开招聘的学生事务管理人员主要是初级和中级的管理人员，招聘和遴选一般包

---

[1] Roger B. Winston, Don G. Creamer Theodore K. Miller. The Professional Student Affairs Administrator Educator, Leader, and Manager, Newyork：Routledge Press, 2001：48—49

括以下几个环节：在公布招聘职位与要求后，组成专门委员会，审查应聘人员简历和工作背景，阅读推荐信等相关资料，最后进行严格的面试把关。我国高校在留学生事务管理者队伍遴选的程序上，基本遵循了科学化的要求，但是在遴选的标准与人员的具体选择上，还存在"人为干涉"与校内"近亲繁殖"的现象，这一现象在当前我国高校人员选配中具有一定的普遍性，给实际工作带来的问题也不断凸显，正是值得我们深刻反思与改进的核心所在。

第一，从事国际交流的学生工作者必须具备过硬的语言能力以及迅速融入团队的亲和力，这样才能与留学生进行有效的交流与沟通，增强相互间的信任，避免不必要的误会。

第二，如何在特殊情况下恰当地向留学生介绍中国的国情，做到既不卑不亢，又客观合理，这是学生工作者必须具备的素质。当然，这种素质的形成与培养不是一朝一夕可以完成的，而是需要长时间的积累与历练。

第三，作为留学生事务管理工作者，必须具备较强的接受能力与持续不断的学习能力，只有这样才能在面对新事物时迅速内化并融合，从而通过一定的方式将自身的能力展现出来，赢得同学们的认可与信任，更有效地推动工作顺利进行。来自一线留学生事务管理者的一篇工作报告将这一点体现得淋漓尽致。

> 在和同学们朝夕相处的13天内，我有意识地转换着自己的角色——自由活动时，我们是同龄人，我是他们的朋友，一起唱歌、一起游戏、一起欢笑，甚至将行进间的汽车作为生动的汉语课堂，在互相学习对方语言的同时，也进一步加深了彼此的感情，毫无顾忌地分享着游览的快乐；学生利益受到损害时，我是带队老师，我必须尽心尽力履行着维护学生利益的职责，我据理力争，在原则问题上绝不退让，如此一来，当问题圆满解决时，同学们对老师的信任也进一步得以提升；有同学身体不适时，深入房间的探望和带去的药品、水果，使同学们在异国他乡感受到了亲人般的关怀与温暖。分别时，他们告诉我，这次中国之行，将成为他们一生中美好的回忆。
>
> 摘自笔者《德国亚琛工业大学学生代表团沪杭苏宁考察活动总结报告》

来华留学生在情感上、心理上、学习与生活交往中存在的诸多适应障碍，对我国高校来华留学生事务管理工作提出了严峻的挑战。能否深入细致地做好来华留学生跨文化适应的引导工作，关系到留学生教育管理事业的发展大局。对此，笔者认为，通过"强化来华留学生事务管理者的跨文化交际意识，提高管理水平"、"做好来华留学生的观念引导，为实现其跨文化适应打好思想基础"、"发挥网络新媒体优势，在课堂教学中为留学生跨文化适应做好知识积累"三种渠道，可以对来华留学生跨文化适应问题的解决带来一定的帮助。

应该培养留学生事务工作者在工作中养成良好的职业道德和职业情感。留学生事务工作者的首要条件就是要有爱心和奉献精神，乐于为学生服务，在管理过程中尊重学生的意见和感受，尊重他们的自觉意识。

此外，应该充分利用留学生自身的优势资源，使留学生参与到具体事务的管理与决策中去。学生的广泛参与，既增强了学生的社会责任感，也使得学生事务服务机构持续地关注学生的利益与需求。

在人员的优化调整上，应该选择具备更高理论层次的教育学、管理学相关专业的硕士、博士来充实到留学生事务管理的一线。整体而言，他们由于接受过理论的系统学习从而具备更强的接受能力与持续不断的学习能力，在面对新事物时能够迅速理解、内化并与自身知识结构相融合，并通过一定的方式将自身的能力展现出来，更有效地推动留学生事务管理工作的顺利进行。

此外，因为具备扎实的科学理论基础，高学历的管理者在从事教育与管理工作的同时还可以进行学术上的探讨与研究，有意识地发现工作中存在的问题并寻求解决之道，从而实现留学生跨文化适应理论与实践的良好结合与整体推进。

(3) 留学生自治组织与自我管理

留学生事务管理，不仅仅包括教师和管理者对留学生群体进行的教学管理活动和生活服务，更在于源自留学生群体的自我管理和互助。在当前高校留学生事务管理实践中，留学生自治组织与互助团体如何设立，自我管理功能如何发挥，勤工助学体系如何得到完善，是留学生最为关心，也是留学生事务管理者关注较多的问题。

斯宾塞在《教育论》中指出："管理的目的是养成一个能够自治的人，而不是一个让别人来管理的人。"高校来华留学生接受过一定的基础教育，对事物的认知有着独特的判断能力，具有强烈的民主意识、独立意识、自主学习与生活能力，同时也具备强烈的自我管理与服务的意愿、传统和权利要求。这种自我管理与服务就要通过一定的组织形式——"留学生会"体现出来。与国内学生的学生会、研究生会等学生组织一样，留学生会应该由留学生选举或推荐产生，独立于学校，但是要受到学校和政府的承认，代表并维护留学生的利益，同时在必要的时候参与学校各种事务的决策。

留学生自治组织与中外学生互助组织的设立和恰当的自我管理可以使得高校留学生事务的管理得到很大的改观。这一点笔者深有感触。

2010年10月11日—12月10日，德国亚琛工业大学学生考察团(14人)结束了在北京某大学为期一月的交流、学习后，回国前对中国京、津、鲁、豫、陕、湘、桂、苏、杭、沪、宁等地区进行了为期一月的参观、考察。笔者担任该团在沪宁苏杭考察期间的带队老师，全面负责该团队此阶段活动期间所有相关事宜。

经过观察发现，在整个来华交流期间，每个阶段，留学生团队都选择了不同的同学担任队长(Captain)，每个人都有机会担任团队的阶段性领袖。一旦成为这样的队长，就要承担全体队员之间、队员与带队老师之间联络与沟通的职责，例如，在办理入住手续之后将同学们的护照等重要证件统一保管，以避免有同学因个人物品保管不善影响团队行程。每当需要团队集体行动，需要征求大家意见或在意见相左的时候，队长就要做好综合协调与平衡，并且作为代表与带队老师进行直接沟通，从而形成一致可行的行动方案。当然，这种沟通是在没有语言障碍的情况下进行的，一旦有了语言交流障碍，沟通的效果就会大打折扣。

这样的方式使得老师与同学们都得到了充分的相互理解与信任，收获了足够的认同与尊重，师生之间的关系和谐融洽。这种融洽的关系的保持，不仅仅对个人而言是一笔宝贵的财富，对于国家之间的友好往来，也增加了一份来自民间的推动力量——也许多年之后某个国家的领导人或某一领域的杰出人物就蕴藏在现在的学生团体当中。就在顺利完成考察任务，将他们送达机场之际，同学们将他们最美好的祝愿留给了我，他们的留言是这样的："We will always remember you! We have a perfect journey in china these days, especially with you. All of us like you very much! When you smile, the sun arises!"看着这样的留言，每每回想起和他们朝夕相处的十几个日日夜夜，我的内心就会被温暖充溢着。他们是一群来自万里之外的异国年轻人，他们活泼，热情，他们阳光，善良，他们严谨、执着，他们对一切新鲜的事物充满兴趣。作为老师，我仅仅是做好了自己应该做的，真诚地与他们交流，设身处地为他们考虑，一起欢笑，一起流泪，一起面对困难，并肩解决问题，这种亦师亦友的关系成为他们在中国考察活动中最灿烂的阳光，为此我深感欣慰。作为留学生事务管理者，也许，你的笑容就是一张最美丽的中国名片。

此外，还可以在实践中尝试设立中外学生互助组织。我国当前高校普遍的做法是建有专门的留学生公寓，这一方面有助于提高学校留学生管理的针对性和有效性，另一方面，却实质上把留学生与中国学生隔离开来。在实行中外学生住宿统一管理方面条件还不够成熟的时候，不妨延续长期以来的传统做法，同时，可以在留学生公寓设立专门的中外学生互助组织办公室，由中外学生共同担当值班任务，负责留学生课余活动的辅导。将留学生的生活指导与课外辅导规范化、制度化，避免中外学生之间因个体行为不当引发不必要冲突的现象发生。

留学生群体中蕴含着丰富的文化资源，他们作为"跨文化交往"的参与者，"跨文化适应"的经历者，"跨文化教育"的接受者，其自身的体验和经历都是非常宝贵的教育资源。因此，留学生事务管理者要充分挖掘留学生群体中的"信息"、"语言"、"文化"、"跨文化经历"等多种优势资源，鼓励并支持留学生社团的建立，实现留学生群体的资源共享。学生社团是学生的自我管理组织，也是他们心灵交流的重要平台，具有较强的自我学习、自我教育、自我成长的功能。很多在课堂等其他场合得不到的东西，却可以在社团中获取。留学生的社团具有一定的排他性，具备较强的亲和力、凝聚力和号召力。学校应该正确引导留学生社团活动，通过新老留学生在生活、学习、交往方面的经验交流，促进他们对新文化的适应。

在来华留学生的跨文化适应过程中，高校还要尽可能多的创造留学生与中国学生交流与合作的机会，通过举办形式多样的国际文化艺术节、中国传统文化知识竞赛、参与体验典型的中国生活等活动，鼓励中外学生共同参与文化交流活动，增加彼此间的交往与信任，扩大交际圈，培养留学生良好的心理素质、团结友爱的品质、强烈的集体荣誉感和团队合作精神，这些都能够成为来华留学生跨文化适应过程中的积极推进因素。

5.4　高校来华留学生事务跨文化管理的外部支持系统

高校来华留学生事务跨文化管理的外部支持系统由来自教育主管部门的政策支持和社会支持两部分构成。科学合理、与时俱进的教育政策以及来自社会的外部支持是提升留学生事务管理专业化和科学化水平的有力推动。

5.4.1　政策支持

在不同的历史发展阶段，我国教育管理部门曾经做出过不同的调整，分别于1963 年 8 月、1979 年 1 月召开两次"外国留学生工作会议"；1984 年 12 月、1998 年 2 月、2010 年 9 月召开三次"全国来华留学工作会议"。

在 1950—1977 的计划经济时代，我国高校来华留学生教育管理事业发展正处于起步阶段,这一时期的来华留学生教育管理政策主要有:《各人民民主国家来华留学生暂行管理办法(草案)》(1954)、《高等教育部关于来华留学生工作的几项规定与说明》(1954)、《高等教育部关于各国来华留学生管理工作的注意事项》(1955)等,分别指出"留学生入学后的学习、生活及思想教育,学校应该全面负责","留学生的管理工作是在高度的国际主义精神下,本着在学习上严格要求,生活上适当照顾的方针,进行热情负责的教育",[①]体现出了完全为国家外交工作需要服务的特征。1962年,中央批准国务院外事办公室、教育部与对外经济联络总局联合制定的《外国留学生工作试行条例(草案)》。草案指出"对留学生教育管理工作的方针是:学习上严格要求,认真帮助,生活上适当照顾、严肃管理。"在此基础上,分别在"接收工作、教学工作、思想工作、政治活动的管理、生活管理、社会管理、经费开支、组织领导"等方面进行了详细的规定与说明。[②]1963年8月20日—29日,教育部遵照国务院外事办公室的指示召开外国留学生工作会议,这是我国首次召开的全国性的留学生工作会议,目的在于检查《外国留学生工作试行条例(草案)》的贯彻执行情况,交流培养外国留学生的工作经验,提高对中央有关方针政策的认识,探讨进一步做好工作的方法。

20世纪70年代改革开放之初到80年代末(1978—1989),这一时期是改革开放形势下来华留学工作的实验探索阶段,1979年和1984年分别召开了两次全国范围内的来华留学生工作会议,1979年第二次外国留学生工作会议指出,"提高对外国留学生工作重要性的认识;留学生工作的中心环节是教学;解放思想,搞好管理工作;针对留学生的特点,开展针对性的思想工作;做好留学生工作的关键是明确领导体制,加强领导;外国留学生工作是一项涉及各方面的工作(教育、外事、公安、文化、卫生、交通、旅游、商业、体育等),只靠一两个部门做不好,必须党委重视,各方协调才能做好。"会后通过《外国留学生工作试行条例(修订稿)》,分别从接受工作、教学工作、思想政治工作、政治活动的管理、生活管理、社会管理、经费开支、组织领导等方面做了进一步的修正与明确。1984年12月11日的全国来华留学工作会议肯定了1979年会议确定的留学生工作方针和原则的正确性,同时指出"接受和培养外国留学生是智力外援中一项具有战略意义的工作",1985年10月14日,国务院批转国家教委等部门制定的《外国留学生管理办法》,并沿用至今。

1990年到2000年的十年间,是来华留学教育事业的定位调整和确定阶段。国务院1993年2月13日发布的《中国教育改革和发展纲要》提出:"改革来华留学生的

---

① 李滔:《中华留学教育史录(1949年以后)》,304—304页,北京,高等教育出版社,2000。
② 李滔:《中华留学教育史录(1949年以后)》,311—317页,北京,高等教育出版社,2000。

招生和管理办法,建立国家留学基金管理委员会,使来华和出国留学生的招生、选拔和管理工作走上法制化轨道",不再由政府出面。1998年,在亚洲金融危机的背景下,召开了第四次全国来华留学工作会议。

2001年以来,我国高校来华留学生教育管理事业进入快速发展阶段。

2010年9月29日,教育部召开改革开放以来第四次(新中国成立以来第五次)全国来华留学工作会议,会议分析了新时期新形势下来华留学工作面临的机遇和挑战,并要求全国来华留学工作战线的同志认真贯彻落实《国家中长期教育改革和发展规划纲要(2010—2020)》,公布并部署了《留学中国计划》的实施。提出10年内建成亚洲最大留学目的地国的目标。《留学中国计划》为我国的来华留学工作未来10年的发展作了规划,要求我国各级政府和高等学校以更加开放、更加积极的姿态,推动来华留学工作快速发展,同时特别明确了"积极推动来华留学人员与我国学生的管理和服务趋同化"。

图5-2对新中国成立以来历次全国性来华留学生工作会议作了详细归总和分析,汇总了历次会议的主要内容及会后出台的相关政策文件。

图5-2　新中国成立以来五次来华留学生工作会议及成果

时间	会议名称	主要内容	政策文件
1963.8.20—29	外国留学生工作会议	检查《外国留学生工作试行条例(草案)》(1962)的贯彻执行情况,交流培养外国留学生的工作经验,提高对中央有关方针政策的认识,探讨进一步做好工作的方法。	
1979.1.8	外国留学生工作会议	会议指出,提高对外国留学生工作重要性的认识;留学生工作的中心环节是教学;解放思想,搞好管理工作;针对留学生的特点,开展针对性的思想工作;做好留学生工作的关键是明确领导体制,加强领导;外国留学生工作是一项涉及各方面的工作(教育、外事、公安、文化、卫生、交通、旅游、商业、体育等),只靠一两个部门做不好,必须党委重视,各方协调才能做好。	《外国留学生工作试行条例(修订稿)》(1979.5.4),分别从接受工作、教学工作、思想政治工作、政治活动的管理、生活管理、社会管理、经费开支、组织领导等方面做了进一步的修正与明确。

续表

时间	会议名称	主要内容	政策文件
1984.12.11	全国来华留学工作会议	会议肯定了1979年会议确定的留学生工作方针和原则的正确性,同时指出"接受和培养外国留学生是智力外援中一项具有战略意义的工作"	1985年10月14日,国务院批转国家教委等部门制定的《外国留学生管理办法》;1993年2月13日国务院发布《中国教育改革和发展纲要》提出:"改革来华留学生的招生和管理办法,建立国家留学基金管理委员会,使来华和出国留学生的招生、选拔和管理工作走上法制化轨道",不再由政府出面。
1998.2	全国来华留学工作会议		2000年1月31日,教育部、外交部、公安部联合发布《高等学校接受外国留学生管理规定》,对高校接受和培养外国留学生工作的管理做了进一步的规范。
2010.9.29	全国来华留学工作会议	会议分析了新时期新形势下来华留学工作面临的机遇和挑战,并要求全国来华留学工作战线的同志认真贯彻落实《国家中长期教育改革和发展规划纲要(2010—2020年)》,公布并部署了《留学中国计划》的实施。提出10年内建成亚洲最大留学目的地国的目标。	会上发布《留学中国计划》,为我国的来华留学工作未来10年的发展做了规划,要求我国各级政府和高等学校以更加开放、更加积极的姿态,推动来华留学工作快速发展,并重点指出"积极推动来华留学人员与我国学生的管理和服务趋同化"。完成修改《高等学校接受外国留学生管理规定》的调研工作;以教育部名义下发《教育部关于进一步加强来华留学人员管理服务工作的通知》(教外来[2010]42号)

通过对不同时期历次来华留学生工作会议的梳理，不难发现，伴随着每一次会议的召开，原有的政策均会得到不同程度的调整和修正，使得对留学生的管理从国家政府层面逐步过渡到由非政府性质的基金委员会负责，适当放权，实现了教育政策的与时俱进，同时增强了高校留学生事务管理的自主权，使得来华留学生的招生、选拔和管理工作走上法制化轨道。

来华留学生教育管理在高等教育国际交流中的地位与作用随着留学生规模的扩大、类别增加、层次提高而日益凸显出来，高校在管理与服务方面出现的问题也亟待调整与解决。因此，高校应该将留学生教育管理纳入学校整体规划，在学校层面加以组织协调。

综观高校来华留学生教育管理的历史发展，政策法规的建设主要经历了五个时间节点，五个政策性文件分别在不同时期指导来华留学生教育管理的不同阶段和过程。

1962年，中央批准国务院外事办公室、教育部与对外经济联络总局联合制定的《外国留学生工作试行条例（草案）》，指出"对留学生教育管理工作的方针是：学习上严格要求，认真帮助，生活上适当照顾、严肃管理"，使得来华留学生管理工作第一次有了明确的方针性依据；1979年5月4日，《外国留学生工作试行条例（修订稿）》颁布实施，分别从接受工作、教学工作、思想政治工作、政治活动的管理、生活管理、社会管理、经费开支、组织领导等方面做了进一步的修正与明确；1985年10月14日，国务院批转国家教委等部门制定的《外国留学生管理办法》；1993年2月13日国务院发布《中国教育改革和发展纲要》提出："改革来华留学生的招生和管理办法，建立国家留学基金管理委员会，使来华和出国留学生的招生、选拔和管理工作走上法制化轨道"；2000年1月31日，教育部、外交部、公安部联合发布《高等学校接受外国留学生管理规定》，对高校接受和培养外国留学生工作的管理做了进一步的规范；2010年以来，为了更好地贯彻落实《国家中长期教育改革和发展规划纲要（2010—2020年）》，教育部在9月21日召开的新中国成立以来第五次全国来华留学工作会议上部署实施的《留学中国计划》，为我国的来华留学工作未来10年的发展做了规划，要求我国各级政府和高等学校以更加开放、更加积极的姿态，推动来华留学工作快速发展。《留学中国计划》指出"在管理体制上，教育部负责来华留学工作的宏观管理"；"省级教育行政部门按照属地化原则负责本地区来华留学管理工作。来华留学教育机构依据法律法规和规章制度负责本机构内来华留学人员的日常管理和服务"。在工作机制上，"各地教育行政部门是本地区来华留学的主管部门，协调同级外事、公安、财政、人力资源和社会保障、卫生等部门，相互配合、各司其职,形成政府各部门和来华留学教育机构之间权责明确、分工合理、决策科学、执行顺畅、保障有力的管理工作机制";在教育管理上,"积极推动来华留学人员与我国学生的管理和服务趋同化"。①

高校应该以"统筹规模、结构、质量和效益,推进来华留学事业全面协调可持续发展,打造中国教育的国际品牌"的指导思想为根本出发点,遵循"扩大规模,优化结构,规范管理,保证质量"的指导方针,通过在"建设师资和管理队伍"、"完善后勤保障"、"构建留学生质量评估体系"等方面的努力,实现多元化背景下的来华留学生事务管理的科学化与专业化。

因此,适应世界多元化与高等教育国际化的趋势,我国留学生教育主管部门应该从实际出发,结合留学生文化多样性特点,在实践中对留学生事务的有效管理进行综合性的跨文化考量,通过不断地提炼和总结,结合时代需要,与时俱进地为留学生事务管理提供有力的政策支持。

5.4.2 社会支持

本研究"3.2"部分谈到留学生群体到中国后,由于公共环境的差异,往往导致心理方面的问题和生活、交往方面的困惑。因此,我们应该营造宽容和谐的社会公共环境,帮助留学生群体尽快融入中国的学习与生活,特别是在校园之外,为留学生群体提供参与社区工作的条件和机会,而留学生勤工助学工作恰恰能够解决这一问题。

(1)完善来华留学生勤工助学体系

2000年1月31日,教育部、外交部、公安部联合发布《高等学校接受外国留学生管理规定》第三十六条规定:"外国留学生在校学习期间不得就业、经商,或从事其他经营性活动,但可以按学校规定参加勤工助学活动。"这实际上为留学生在中国的勤工助学提供了有力的政策依据,前提是"按照学校规定"。

2010年9月21日教育部发布的《留学中国计划》中,针对来华留学生的"社会实践"问题,也特别说明:"在条件允许的情况下,为来华留学人员勤工助学提供便利,为实习实践创造条件。逐步建立起教学与实习对接、课堂与社会衔接的教育机制"。

---

① 教育部:《留学中国计划》,http://www.moe.gov.cn/publicfiles/business/htmlfiles/moe/moe_850/201009/xxgk_108815.html [2010-09-21].

高校应该立足来华留学生的长远发展，正视来华留学生的勤工助学问题，采取行之有效的措施，明确建立并完善来华留学生勤工助学体系。

第一，要加强宣传引导，转变观念，端正认识。

要加强留学生勤工助学工作，就要从思想上更新陈旧的观念，根除传统观念对留学生勤工助学工作的影响，与此同时加强对来华留学生进行勤工助学正确观念的宣传，为留学生勤工助学提供良好的舆论环境。实地调查和留学生的现场访谈结果显示，相当数量的留学生对勤工助学认识不清，有些存在心理误区，认为参加勤工助学是低人一等的事情，怕被别人嘲笑。也有一部分学生要参加勤工助学的愿望十分强烈，但是却苦于学校没有专门针对留学生的勤工助学管理部门和针对性项目，有些学生只能选择去校外打工，还有过上当受骗的遭遇，对此，他们十分苦恼。

第二，应该制定并完善高校来华留学生勤工助学管理规章制度。

我国高校应该制定和完善来华留学生勤工助学管理规章制度，其中应着重明确规定勤工助学的对象、条件、范围和程序等内容。在对象上，持"X"签证来我国学习的长期外国留学生可以作为勤工助学的对象予以考虑，而那些短期进修生、语言生，或者访问学者等则不予考虑。在条件上，来华留学生勤工助学只能利用业余时间进行，不能因此放弃或者耽误学业，所获报酬主要用于对学习和生活的补充，不能直接用于经商。在范围上，来华留学生勤工助学主要适合我国经济建设和发展所需要的各种行业和部门。在程序上，应该由留学生先向学校提出申请，由劳动和社会保障部门、公安机关出入境管理部门审批后发给许可证方能进行，还应当依法纳税。

我国高校来华留学生勤工助学工作的诸多问题与弊端提示我们，应当由教育部牵头，与公安、劳动和社会保障部门一起协调，尽快制定有关高校来华留学生勤工助学的法律法规，明确来华留学生勤工助学的合法地位，促使各高校对留学生勤工助学的管理工作制度化、法制化。应该对《外国人入境出境管理法》、《外国人在中国就业管理规定》中有些不适合当前形势的条款做适当修改，对外国人就业的有关规定做出必要调整。关键点之一就是要对来华留学生勤工助学活动留有一定的扩展空间。此外，勤工助学报酬也应该以法定形式加以明确，从而为留学生在勤工助学过程中的合法权益提供法律保障。

第三，提高来华留学生勤工助学的社会化管理水平。

来华留学生勤工助学行为本身就是一种社会化行为，它自身离不开社会化管理。因此，其他相关职能部门的配合和支持对勤工助学也是必不可缺的。在此意义上，通过现代化的手段举办勤工助学信息交流会，与用人单位进行密切沟通与联系，定时定期反馈留学生勤工助学的进展情况，发现并解决勤工助学过程中的各种问题。

第四，强化来华留学生的自我管理意识，确立留学生的主体地位。

来华留学生的自我管理能力也是提高留学生管理水平的一个重要方面。有相当一部分留学生独立生活和管理能力较差，较难适应国外的陌生环境。针对留学生的勤工助学管理，除了国家法规政策和高校的制度完善，更离不开留学生自身的积极配合。学校可以成立留学生勤工助学自治管理组织，强化留学生的自我管理意识，提高其自我管理能力，不断增强主人翁的责任感。留学生勤工助学自治管理组织由民主选举产生，以协调解决留学生勤工助学各种矛盾和问题，开展丰富的勤工助学交流会等活动。除此以外，还可以加强与中国高校的联系和感情交流，增进友谊。留学生的勤工助学自治管理组织可以推进留学生勤工助学管理制度的建设，营造和谐的制度环境和人文气氛。

第五，加强各主管部门之间的协作，形成各司其职，齐抓共管的工作机制。

为了实现来华留学生勤工助学的高效率、科学化管理，必须动员教育、公安、劳动和社会保障部门积极参与配合。公安、劳动和社会保障部门应正确认识和处理来华留学生非法就业和正常的勤工助学活动，教育主管部门积极参与，尽量避免造成不良影响。来华留学生勤工助学工作比较复杂，不但需要政策的支持，还需要社会中介组织的大力协作。学校要正确引导和提供优质的服务，对于社会中介机构的介绍和推荐，学校应加以调查和积极响应。通过学校与中介的密切合作，建立起来华留学生勤工助学管理的桥梁，为留学生提供合适的助学岗位。

第六，来华留学生管理部门要建立突发事件预防处理机制，提高安全防范意识。

来华留学生的勤工助学过程中，接触面极其广泛，必定会存在因种族问题引发的冲突。如文化冲突等，这是留学生勤工助学管理工作中较常见和棘手的问题。特别是不同种族之间的剧烈冲突，往往涉及文化差异、民族尊严等。种族之间的冲突极为复杂、敏感，且常常带有群体性特征，必须特别注意预警，认真处理，以免酿成真正的危机。因此，来华留学生管理部门应该制定周密的突发事件预防、处理机制，提高来华留学生的安全意识，防止可能出现的各种突发事件。

(2) 发挥勤工助学给留学生学习与生活带来的积极作用

在学习过程中，高校来华留学生同中国学生一样，也需要进行相应的实践活动，同时通过勤工助学活动，提高动手能力和实践能力。勤工助学既能给留学生带来一定的经济补助，解决部分留学生生活和学习费用的困难，发挥勤工助学的经济助学功能，又能够使专业知识得到发挥，培养留学生理论联系实际的能力，将勤工助学与专业学习，理论与实践有机地结合起来。

科研型的勤工助学可以满足留学生勤工助学和科研能力培养的迫切要求。组织留学生参与科学研究和勤工助学的主导思想是培养留学生的能力和科学态度，培养其自学能力、思维能力、创新能力，培养留学生刻苦、严谨和实事求是的科学态度。

进入企业的勤工助学可以加强与相关单位的合作，发挥留学生的专业特长，将留学生的知识转化为生产力，在为企业带来经济效益的同时，锻炼留学生社交公关能力，培养其主体意识、竞争意识、创新意识，为留学生将来走向社会打好心理、知识、能力的基础。

6 高校来华留学生事务跨文化管理的实现路径

系统设计为高校来华留学生事务跨文化管理提供了科学可行的理论基础和前提条件，这种可行性只有借助恰当的"实现路径"，才能实现整个管理活动的有效性和目的性。

在留学生跨文化管理领域，通过精确的跨文化定位，有效的跨文化沟通，积极的跨文化培训来实现留学生事务的趋同管理，不仅符合高等教育的基本精神，也契合了国际化、多元化背景下的中国高校来华留学生事务管理的现状，更是本文的基本出发点和旨归。

6.1 来华留学生事务管理的跨文化沟通

清晰有效的沟通在跨文化交流的过程中尤为重要，在留学生事务管理过程中，沟通的重要性就更为明显。

(1) 跨文化沟通的界定

在管理学领域，关于"沟通"的界定性表述有多种，海因茨·韦里克和哈罗·德孔茨认为"沟通是信息从发送者到接收者的传递过程，而信息则是接收者所理解的信息"。[①] 理查德·L·达夫特把沟通定义为"两个或两个以上的人交流并理解信息的过程，其目的通常是激励或影响他人的行为"。[②] 加雷尔·琼斯、珍妮弗·乔治、查尔斯·希尔等认为"沟通是通过有意义的符号在一个人和另一个人之间进行信息的

[①] [美]海因茨·韦里克，哈罗·德孔茨：《管理学——全球化视野》，83页，北京，经济科学出版社，2004。

[②] [美]理查德·L·达夫特：《管理学》，76页，北京，清华大学出版社，2009。

传递、交换以及理解，是两个或以上的人或组织为达成共识而进行的信息分享"。①康青认为"沟通是人们通过语言和非语言方式传递并理解信息、知识的过程，是人们了解他人思想、情感、见解和价值观的一种双向途径"。②

上述界定反映出沟通的两个基本特点：一是信息必须经过传递，二是信息必然双向互动。在这一层面上，留学生事务管理中的跨文化沟通则是指信息在不同文化背景的管理者与管理对象之间相互传递的过程，不同文化背景的双方在对信息的理解存在差异的过程中彼此影响。

"管理是设计并保持一种良好的环境，使人们在群体状态下高效率地完成既定目标的过程"。③其核心是文化与价值的和谐体现。留学生事务的跨文化管理是在异质文化的沟通基础上进行的。

(2)跨文化沟通的影响因素与基本原则

沟通是跨文化管理的必经阶段和重要过程，特别是涉及人际关系和重要事务的处理，无论是以书写、谈话、倾听还是网络的方式进行，都是管理者角色的核心，并且占据着管理者日常的大部分时间。明茨伯格(Mintzberg)的一项研究表明了语言沟通的重要性，他发现，大多数管理者日常50%—90%的时间是在同他人进行语言交流。因此，管理者沟通的能力与效率在很大程度上将决定留学生事务管理活动能否成功以及多元文化环境下的工作成果。事实上，沟通(Communication)一词描绘的是信息交换的过程，是指通过语言、行动或物品等媒介进行信息传递的过程。信息接收者是否能够按照信息发布者的期待内涵将信息解读对于沟通的结果是至关重要的。然而，信息在传递过程中往往被扭曲。由于信息的发送者与接收者双方分别处于相互独立的生活思想空间，这种空间建立在不同的文化、经验、关系、价值观等背景基础之上，因而人们通常会根据个人价值观或行为规范体系中的期望与感知对信息进行过滤或有选择的理解。沟通过程中，文化差异越大，这种错误解读的概率就越高。

跨文化沟通与一般沟通的不同在于沟通者双方的文化背景差异。传播心理学认为人们往往选择性地接受信息，只接受已经认同的信息。这种选择性接受与我们生活和社会中的信息过滤系统密切相关：个人的教育背景、社会环境、政治经济体

---

① [美]加雷尔·琼斯，珍妮弗·乔治，查尔斯·希尔：《当代管理学》，27页，北京，人民邮电出版社，2003。
② 康青：《管理沟通》，12页，北京，中国人民大学出版社，2006。
③ [美]海因茨·韦里克，哈罗·德孔茨：《管理学——全球化视野》，46页，北京，经济科学出版社，2004。

制、生活方式、语言特点等都会决定个体所接受的信息。对于留学生事务管理一线工作人员来讲,提高跨文化沟通效果的前提是所传递信息的真实可靠和有效。爱德华·T·霍尔的文化情境理论认为中国文化是高情境文化,因而中国人在沟通中讲求"意会",在讲话时常常习惯于不把话讲透,希望对方能够理解。然而,欧美文化多为低情境文化,不习惯委婉和含蓄,因此,在信息的选择与传递时就要更为具体和细致。

有研究者指出,在跨文化沟通中有三个具体问题与语言相关。①

第一,语义造成的障碍。不同的人所理解的词汇意义是不同的,对来自不同民族文化的人来说尤其如此,因为有些词汇难以在两种文化中互译。

第二,语气和语调差异造成的障碍。有些文化的语言是规范的,而另一些文化的语言却是不规范的。在一些文化中,语气的变化取决于交谈的环境。在工作环境中,在社交环境中,在课堂上和课余活动中,人们谈话的方式也是有所差别的。在一个应该使用正式风格的情境中使用非正式的、带有个人风格的语言,就会令人感到尴尬并且不合时宜。

第三,认知差异造成的障碍。不同地域使用不同语言的人看待世界的方式也是不同的。因纽特人与热带雨林地区的人对雪的认识一定是完全不同的,前者生活在雪的包围中,雪对后者而言只能是一种虚无缥缈的想象对象。

因此,在和来自不同文化背景的留学生进行沟通时,为了减少错误的认知、解释和评价,以下两条原则会带来一定的帮助。②

首先,假设差异存在。管理者在没有证实留学生的文化背景与自身文化构成有相似性之前,假设差异的真实存在。大多数人主观地认为自己与别人非常相似,但事实并非如此。来自不同国家的人显然是不同的,在没得到证实之前,先假定彼此之间文化的差异性,这样做可以减少犯错误的机会。所谓"思则有备",就是这个道理。

其次,设身处地换位思考。管理者在传递信息之前,应该先把自己置于留学生的立场。试着考虑他的价值观、态度、经历、参照点、教育成长背景是什么,尝试根据留学生的原本面貌去认识他。对于重要决策,还要充分考虑留学生群体的接受能力与反馈意见,以保证决策的合理性和有效性。

---

① See M. Munter. Cross-Cultural Communication for Managers,Business Horizons,May-June,1993:75—76.
② N. Adler, International Dimensions of Organizational Behavior,4th ed. (Cincinnati, OH: Southwestern) 2002:94.

掌握跨文化管理、跨文化沟通的内涵，就是要以相互尊重和相互包容作为最高原则，培养文化敏感性。这种文化敏感性在实践中要求沟通者认可文化差异是客观的，避免凭个人喜好来消除或拒绝；同时要欣赏差异，从被动接受或不良情绪看待这种差异转化为带着主动和积极的态度来看待这种差异，最后，利用文化的差异，使其成为解决问题的源泉或资源。具体方式方法上，有效的跨文化沟通必须遵守八条原则：①阐明信息的目的性；②使用通俗易懂的编码；③征求别人的意见；④考虑接收者的需要；⑤使用适当的语调和语言以确保可信度；⑥得到反馈；⑦考虑接收者的情绪和动机；⑧聆听。①

(3) 留学生事务管理中的有效跨文化沟通

跨文化沟通是指具有不同文化背景的成员和组织之间进行信息和情感相互交流的过程。实施有效的跨文化沟通有助于减少留学生与留学生事务管理者之间的文化差异，摆脱地域文化界限，化解沟通方面的冲突。跨文化沟通的实现需要借助于思想观念的转变和策略的运用。有效实施跨文化沟通首先在于正确认识文化差异，尊重文化差异的存在，对双方的文化持有宽容的立场和积极的态度，摒弃旧有的"文化优越感"，在沟通之前提早了解对方的文化禁忌，尽量避免触碰文化敏感领域。其次，要促使来自不同文化背景的双方互相理解、相互包容，求同存异。在文化差异无法去除的情况下，和谐的交流与沟通就有赖于管理者良好的冲突协调能力，尽力将矛盾降到最低。

在文化多元的环境中，有效的跨文化沟通技巧对于来华留学生事务管理者来说是至关重要的。原因在于不同国家或不同文化背景的人们在沟通中发生误解的概率要高于处在同一背景下的人们，认识到文化差异是如何反映在沟通中是非常重要的，特别是培养对文化的敏感性，并且足够灵活以调整沟通方式从而适应从众的方式，即"以他们的方式"交流。

跨文化沟通是来华留学生事务管理者必须具备的基本能力与素质，是其有效开展工作的基本前提。沟通中，留学生群体的不同文化背景不仅影响谈话对象、谈话主题以及谈话的过程，还决定着怎样对信息进行编码，决定着信息要传递的含义，发送信息、接收信息、解读信息的背景环境。事实上，所有的沟通行为都建立在各自的文化背景之上。文化是沟通的基础，文化的差异导致沟通行为的差别。

留学生在进行跨文化适应的过程中容易出现冲突，要对冲突进行有效调和就要

---

① [美]海因茨·韦里克，哈罗·德孔茨，马春光译：《管理学——全球化视角》，351页，北京，经济科学出版社，2004。

求双方在不同的冲突环境中进行自我文化调整，能够有效地、恰当地以及富有创造性地与他人交流。同时，帮助留学生消除自我文化中心倾向。自我文化中心倾向是指人们容易站在自己的文化信仰、价值观和态度的立场来批评他人的文化习惯，这容易使人对群体和文化的多样性做出负面的评估，因而影响跨文化适应的过程。因此，在留学生教育管理过程中需重视这种倾向并及时化解，帮助留学生在教育及生活中避免这种倾向的影响。

留学生的跨文化适应是一个长期动态的过程，涉及政治、经济、文化、语言、心理等多个方面。留学生群体自身文化多样性的特点也要求留学生事务管理者不仅要熟悉跨文化管理的基础理论，还要具备更多样、更合理的知识结构并且深谙外事技巧，这样才能够在教育引导和管理中把握好原则和尺度，有的放矢，不卑不亢，有礼有节，坚持原则性与灵活性的统一。

做好留学生的跨文化适应引导，语言和沟通是最重要的两个因素。语言是沟通的基本工具，所以留学生管理人员必须具备沟通的语言能力，才能及时准确地传达信息，表达情感，有效地实现与留学生的交流。做好高校留学生管理部门与外国驻华使领馆之间信息沟通与交流的及时通畅对于第一时间掌握留学生的动态也起着至关重要的作用。

为了进行有效的沟通，还必须不断强化留学生事务管理者"跨文化"的交际意识。军事上常用的"知己知彼，百战不殆"的思想，在跨文化交流中也同样适用。由于国家背景、思想观念、生活习惯、思维方式的差异，管理者必须对双方文化、政治、经济制度都有相当程度的了解，这样在具体工作实践中才可以与留学生开展积极有效的对话与沟通，具体问题具体分析，区别对待不同个体的不同问题或者是不同个体的相同问题。费孝通先生在《跨文化的"习明纳"——人文价值再思考》中谈道："文化自觉是一个艰巨的过程，首先要认识自己的文化，理解所接触的多种文化，才有条件在这个已经形成的多元文化的世界里确立自己的位置，经过自主的适应，和其他文化一起，取长补短，共同建立一个有共同认可的基本秩序。"[1]这就要求在具备跨文化的基本意识的同时管理人员还必须具备一定的专业知识，比如教育心理学、社会学、国家对外法律、礼仪知识等等，这样才可以有的放矢地帮助留学生尽快适应在中国的学习与生活。学生事务管理者对留学生文化适应的引导，客观上也是一种对文化相互学习、相互适应的过程。《尚书·说命中》当中有这样的记载："惟事事，乃其有备，有备无患"，提示我们只有做好充分的前期准备，全面了

---

[1] 费孝通：《跨文化的"习明纳"——人文价值再思考》，载《读书》，1997(10)，13—16页。

解管理对象，在沟通过程中掌握与学生对话的艺术与学会倾听的技巧，用真诚的注视和微笑在第一时间拉近沟通双方的心理距离，才能使对方做出积极的回应，建立起沟通双方信任与合作的关系，为有效的沟通过程创造条件。

6.2 来华留学生事务管理者的跨文化培训

定期根据工作需要对来华留学生事务管理者进行必要的业务培训，是不断提升管理者理论水平、保持工作队伍具备持续不断的学习能力、实现工作队伍科学化与专业化的必要举措。实现跨文化管理的有效手段是跨文化培训。

跨文化培训(Cross-cultural Training)是为实现留学生事务管理机构的战略目标，提高管理人员的素质，运用系统培训手段，通过制定培训方案、实施培训、评价培训效果等方式的人员开发过程。针对留学生事务管理者进行的跨文化培训，目的是为留学生事务管理机构的整体战略服务，减少管理人员与留学生之间的文化冲突，提高工作实效，创造融洽和谐的文化氛围。

对管理人员进行跨文化培训是解决文化差异，搞好跨文化管理最基本、最有效的手段。跨文化培训的主要方法就是对一线留学生事务管理者进行文化敏感性训练。培养文化敏感性，是提高跨文化沟通能力和效果的前提和基础。一般来说，包括三个层面：①认可文化差异是客观的，无法凭个人喜好来消除或拒绝；②欣赏这种差异，从被动接收或带着不良情绪看待这种差异，转化为带着主动和积极乐观的态度来看待这种差异；③利用文化差异，让差异成为解决问题的源泉和资源。

第一，文化教育。

聘请专家以授课方式介绍留学生来源国文化的内涵与特征，指导管理者阅读有关留学生来源国文化的书籍和资料，丰富文化差异性相关知识。

第二，环境模拟。

通过各种手段从不同侧面模拟留学生来源国的文化环境并有意识地按留学生自身文化的特点思考和行动，提高留学生来华初期的沟通效果。

第三，跨文化研究。

通过学术研究和文化交流的形式，组织留学生事务管理者探讨留学生来源国文化的精髓及其对留学生的思想、行为的影响。这种培训方式可以促使管理者积极探讨留学生来源国文化，提高他们诊断和处理不同文化交融中疑难问题的能力。

第四，语言培训。

语言是文化的一个非常重要的组成部分，语言交流与沟通是提高对不同文化适应能力的一条最有效的途径。语言培训不仅可使管理者掌握语言知识，还能使他们熟悉留学生来源国文化中特有的表达和交流方式，如手势、符号、礼节和习俗等，组织各种师生交流活动，让管理者与留学生、国内学生与留学生之间有更多接触和交流的机会。

6.3　来华留学生事务的趋同管理

考虑到留学生的特点，有针对性地为他们服务已经成为各国公认的留学生管理思路。但一味"求异"会把留学生从校园生活中孤立出来，对他们的培养产生很多负面影响。所以，"存异求同"的趋同化管理就成为来华留学生事务跨文化管理的国际趋势。

趋同管理，前提是存在不同文化的交锋与碰撞，其背景是留学生具备的文化多样性与多元化背景，趋同管理不是无视文化差异性的简单同一性管理，而是要在管理中实现不同文化间的相互影响、相互适应的过程。在跨文化的管理制度下，留学生的不同文化背景被承认和被尊重，学生具备同等的机会了解和学习与自己不同的文化并使自己置身于多文化的学习环境中，不仅具有平等的学习机会，也具有平等的被评价的机会。

对多元文化背景下趋同管理的理解，我们可以从国外多元文化教育的发展历程中得到一些启示。兴起于20世纪六七十年代的西方国家民族的多元文化教育是一个运用相当广泛的概念，它包括教育信念、教育政策和实践。多元文化教育的根本目的是进行旨在改变整个教育环境的教育改革运动，以达到使来自不同人种、民族、社会集团和群体的学生都能够享有教育平等和学术均等的目的。今天，多元文化教育的任务更是提到了一个新的高度：帮助提高普通教育的全面质量。多元文化教育必须使年轻人对他们所生活的世界具有这样一种认识，即他们在保存对本民族和文化认同的自豪感的同时，也发展他们对周围世界的深刻认识和了解，使他们具有充分参与社会生活的自信。多元文化教育不仅是单一的某种计划，一项课程的研究，或是对不同文化的理解和接受。多元文化教育是一个连续的、动态的过程，具有综合性、多方面性，对变化的环境具有巨大的适应性。撇开西方国家种族复兴运动方面的内容，单考察其中不同文化之间相互适应和满足不同文化的情感和认知的需要这方面的内容来说，西方多元文化教育的发展对我们今天的高等教育面临国际化的现实条件下如何实现来华留学生事务的跨文化管理还是有一定的借鉴意义的。

首先，管理模式上，中外学生趋同，尽可能将留学生纳入中国学生的教学与管理体系。例如，将网上选课、成绩自动查询、教学实习、社会实践等已经成熟的管理方法推广到留学生层面。很多学校担心留学生对教学计划缺乏了解，长期以来一直将留学生作为个案处理。手工选课、手工填报成绩加大了留学生教务人员的工作量，人为干预也增加了疏漏的几率。只有将留学生的教学管理切实与中国学生趋同，留学生群体才会感受到学校的"一视同仁"，从而避免因为过分"区别对待"而产生的孤立感或是优越感。

其次，校内资源"趋同"共享是留学生事务跨文化管理的必然趋势。留学生来华学习，其第一身份是正式注册的在校学生，所以他们有权利、有资格享受学校的各种资源。尽管如此，在调查中，仍有一些学校在资源管理上实行"内外有别"的政策：文体娱乐设施、图书馆、网络等中国学生免费享有的资源对留学生却要收费提供。同时，也有学校的部分资源只对留学生提供，例如，在宿舍设置免费的厨房以方便留学生的饮食生活；提供免费的运动场地以方便其课外锻炼娱乐。这恰恰与国际化教育应该提倡相互交流的初衷背道而驰，客观上成为中外学生沟通与交流的人为障碍。

当今世界接受留学生人数较多的美国、德国、法国等，都对留学生与本土学生进行趋同管理，实行一体化服务。尤其是欧盟地区德国的大学采取的"机构精简一体"、"学生管理高度自治"、"生活服务全面社会化"的模式值得我们学习借鉴，这也是我国留学生事务跨文化管理迈向国际化的必然发展方向。

切实做到"趋同管理"，在实践中，就要求管理者与学生之间建立起全面的认同与信任，在坚持原则性"趋同"的基础上，允许合理范围内的"个性"存在，避免生硬的"一刀切"以及借"趋同"之名，行"放任"之实。——坚持"趋同原则"，允许适度"个性与多样"。

趋同管理，让广大留学生在经历了学习之初短暂的休克之后，很快的产生一种"融入感"，为其进一步更好更快适应新的学习和生活环境打下了基础，养成良好的生活习惯和独立自主的能力。

留学生在学习方面感受到来自中国学生的压力的同时，还能积极主动和他们接触，并在思维方式、生活习惯乃至文化传统等方面相互影响。对留学生事务的管理，应该着力强调办学目标和方向，切实坚持"以人为本"，从管理制度到服务水平等方面创造有利于学生健康成长的和谐环境，适当来考虑重点难点科目的单独辅导与单独授课，建立中外学生间的"帮学"机制。

趋同管理是国际上通用的对国际学生进行管理的一种方式，在英美及欧盟高等教育区的历史中由来已久，在我国港澳台地区的学生事务管理实践中也是颇具成效。趋同管理主要是指在对外国留学生管理时,本着"公允、平等"原则,采取与本国学生相似或基本一致的规章制度和管理模式进行管理,在实践中,趋同管理主要涉及教学管理和课外管理方面。

教学管理的趋同是保证来华留学生教育质量提高的有效措施。来华留学生的教学与考核,应该尽量采取与中国学生一致的标准,这样培养出来的留学生,才能够具备较高的学术水平。当然,在实际教学过程中,由于留学生在语言上的差异,要求留学生完全符合中国学生的标准也是不现实的,需要有一个合理的契合点。也就是说,在实施留学生教学方面的趋同管理时,要在学术标准上实施趋同,在实际执行中可以依照实事求是的原则,适当考虑留学生的具体情况。

课外管理方面的趋同需要统一观念上的认识。学习期间,来华留学生不管其国籍如何、背景怎样,首先要明确其"学生"身份,其次才是"外国人"。这样,一方面要求按照学生的标准严格管理,另一方面又要根据不同的文化背景推行人性化的跨文化管理。趋同的管理可以使得留学生有更多的机会接触中国学生和中国社会,可以帮助留学生更深刻、更全面地认识中国,减少社会阴暗面给来华留学生带来的负面影响。

趋同管理不仅局限在学校范围内,还延伸到社会范围内。社会化的趋同管理主要由政府管理和社会服务所构成。申办居留证、勤工助学、医疗保险、公共福利、学生社团和社会活动均和政府管理有关;外事部门、教育主管部门、公安和安全部门、民政局、宗教局等政府部门代表国家行使对留学生的涉外、签证、治安、医疗、住宿、学生社团等社会活动的管理职能。

具体而言,在来华留学生事务跨文化的管理过程中,做到"趋同"管理,就要从以下方面细致开展工作。

(1)吸纳留学生参与管理和服务过程,充分发挥"导生制"①在留学生事务管理中的优势

导生,顾名思义,就是可以为学生做学习辅导和生活指导的学生。跨文化管理中的"导生制指导",类似于心理学上的"朋辈辅导"。就是吸收品学兼优的在校留学生作为管理队伍的组成部分,在实际管理过程中协助留学生事务管理者解决留学生群体中的各种问题。

美国、澳大利亚、新西兰等国的高校中除了最高层的学校专职管理人员外,其

---

① 导生制(Monitorial system)又叫贝尔——兰卡斯特制,是由英国国教会的贝尔(Andrew Bell,1753—1832)和公益会的教师兰卡斯特(Joseph Lancaster,1778—1838)所开创的一种教学组织形式,曾在英国和美国流行过数十年,为英、美两国普及初等教育做出过重大贡献。

下层的管理构架中均有相当比例的学生参与其中，留学生也不例外。学生间更便于沟通与交流，他们的参与使管理效率大幅提高，也有助于提高学生对学校的认同感和归属感。让留学生参与管理的另一个优势是能将语言障碍缩小到极致，他们感同身受的留学经验可以对新同学提出有益的建议，可以极大地缓解留学生异乡求学的孤独感，帮助他们更快地融入新的校园生活。尝试适当让留学生参与管理，充分发挥留学生语言优势，将为我们的留学生管理注入新的活力。

伴随留学热潮的涌来，留管人员的配备无法满足学校日益增加的留学生数量，师资匮乏、设备和经费紧张已成为留学生工作的巨大障碍。在这种状况下加强留学生的自我管理，探求一种"少投资，多出人"的管理组织形式也就势在必行。从在校高年级留学生中选取成绩优秀、品行素质好、善于沟通的同学，以国别为划分单位，由各国学生会牵头，以"一帮多"的形式担任新生的"导生"，为新生答疑解惑，解决生活和学习上的不适应问题。在这些年长稳重、成绩优异的"导生"的帮助下，有效减少了新生对大学学习和生活环境的陌生感，使很多新生的学习和生活很快走上正轨，较快地完成学习模式和生活模式的转变。留管干部通过对导生的系统培训和定期见面有效快速了解学生思想、生活及学习困惑并施以畅捷有效的指导。这种模式获得认同的关键在于邀请高年级留学生担任教育管理工作，既对他们的思想品质和人际交往能力能进行有效提升，又为低年级学生提供了生动的成长参照。通常很多高年级留学生没有就业压力，拥有相对较多的空闲时间，充分动员他们参与教育管理工作，是对学校教育资源的合理发掘利用。

但是，相对于为数众多的留学生而言，导生的数目仍然是十分有限的，如何发掘和动员更多优秀学生参与导生制工作，怎样对导生群体介入的新学生工作网络实施体系化规范化管理，对导生群体的管理和指导又将怎样进行？这些都为留学生管理工作提出了全新的课题。在新的时代格局下摸索导生制在留学生领域的实施，对于学校向国际化的迈进、留学生趋同管理的探索，都有着积极而广泛的意义。

首先，可使教育资源得到最大化利用：在社会主义市场经济体制进一步深化的格局下，大学面临来自国家、社会、家庭和大学生群体的多方期望，遭遇到越来越沉重的运营压力，尤其是在财政经费相对紧张的情势下，无法容纳数量较多留学生事务管理者展开职业性工作，导生的出现填补了这一空白。在传统的留学生管理工作中，频繁约见学生谈话了解情况既大量占用着教师大量工作时间，还有可能引起学生的某种反感，而这对属于学生身份的导生而言，只不过是举手之劳，导生时时闪现在学生左右，能够自然而便捷地了解学生学习和思想动态，为大学管理者节省了大量的经济资源和沟通成本。

但是，必须予以注意的是，导生群体也在付出一定的劳动，对于他们的辛勤奉献，大学管理者必须通过补贴、荣誉等形式给予补偿和表扬，也可以通过建立职业延伸机制，将导生作为重点对象向该国大使馆推荐。

其次，可形成多维元素的弹性管理：导生制应当在尊重留学生群体多元特征的前提下展开，积极鼓励导生运用他们认为合理的方式。导生体制开始逐步在各高校中国学生群体实行，实践证明其已在思想上、政治上更趋成熟与现实。而对于留学生群体，他们鲜明的多元特质决定了教育只有融于平等、合作式的沟通与交流才能发挥更大的作用；同时，这一群体尤其是"90后"、"00后"，已经在充分掌握和支配网络与数码技术飞速发展的时代潮流，作为受教育者第一次全面摆脱了在信息交流中的弱势地位，他们藐视权威，渴求自主。面对这样的群体，唯一正确的选择不是去努力如何管理他们，而应该在充分尊重他们独立人格、独立意识、主体要求的前提下，因势利导，启发他们的自律、自觉、自警，培养他们的自我约束、自我管理、自我完善的能力。

导生在这方面同学生一样具有无差别的身份和心理习惯，无疑将在大学文化的构建和教育成长领域中发挥更为积极的作用。导生没有教师的身份与威严，也没有管理者相对于被管理者的强势地位，来自同一国家的同根同源性使他们与留学生有共同语言。以高年级学长身份出现，在管理工作中，他们很容易引起同学的仰慕、信服与尊敬。导生分管的是相同或相近专业的学生，作为成功的过来人，导生现身说法和专业引导更容易为同学接受，深得广大学生的认可。因此，留学生事务管理者应当积极鼓励导生运用他们喜欢的方式进行学习辅导和生活指导工作，对导生实施弹性管理策略，让导生成为留学生工作中最为鲜活和灵动的画卷。当今高等学校由于留学生事务管理者的匮乏，通常留学生管理部门要管理千余名左右留学生，学生个体存在差异，但是留学生事务管理者经常采用以开学典礼、入学教育为主的教育方式，显然与因材施教的观念大相径庭。导生制实施以后，留管辅导员工作方式以"面"为主，而导生以"点"为主，辅导员通过节点管理能够有效掌握学生学习成长全局，简化了工作层面，深化了教育效益。通过挑选一批综合素质好的高年级学生，对每个学生及时做出指导，从而使新生在进入大学后有一个良好的开端，使低年级学生形成一种端正的发展取向和就业观念。这需要辅导员职能发生微妙的转换，即要投入精力到导生在内的学生群体指导中，解决更多的宏观问题，即解决导生无法解决的现实问题，为学生活动和实践行为保驾护航，为学生群体提供充分的学习和成长条件。我们可以通过此模式整合学生力量。高等教育规模日益扩大，客观上导致高等院校学生工作层次和工作状况变得更为复杂。留学生辅导员也已根本无法切实满足庞大的留学生群体。面对这种形势，通过选派高素质、综合能力强的高年级学生对新生和低年级学生进行及时的沟通（尤其是在语言有障碍的前提下），加强学生之间的互动和交流，启迪以友爱和互助为内核的人文精神就变得十分必要和紧迫。这种方式可以使教育管理者及时了解和掌握学生生活动态，对留学生的健康成长给予全方位的关注和引导。使留学生更具有凝聚力和团结力，有助于学校和谐校园氛围的形成。

可以预期的是，导生制实施之后，将围绕导生制产生一个有序的学生网络，学生有望成为大学校园中重要的一极，对大学建设等诸多领域产生实质性的影响。这应当是一个有远见的大学所尊重和期许的。大学不光要有大楼、大师，更应当有大爱，大气，这要求有远见的大学管理者们以建设性的眼光应对留学生管理工作中愈加复杂和多样的现实挑战，尊重和包容大学生的进取精神和创造精神，积极为他们提供条件和实施更多的鼓励性政策，相信他们必将给大学带来更多的感动和惊喜，引导和带领学生们共同走向至善至美的新境界。

（2）设立留学生服务中心，做好入学辅导和生活指导

欧美国家的高校留学生管理机构大都分设留学生办公室和留学生服务中心两部分。留学生办公室是学校的管理机构之一，负责入学申请、学业咨询、签证指导等与学籍管理密切相关的事务管理。留学生服务中心为学生提供各种专业化的生活服务，其服务范围非常广泛，涉及学生接待、住宿安排、心理辅导、医疗保险、社团组织等生活的方方面面。管理与服务通过不同的职能部门实现，组合成完善的留学生管理体系。我国高校的留学生管理机构虽然名称不同，但都是由一个部门行使多种职能，招生、学籍、教学、生活服务一体管理。这种管理模式适合留学生规模较小的院校，但在留学生人数较多的院校中，过多的职能让留学生管理部门不堪重负，应接不暇。当然也无法保证管理和服务的质量。

走国际化发展道路，进一步扩大留学生规模，要求我们探索组建留学生服务部门的新路。成立留学生服务中心，可以将留学生办公室从繁杂的事务中解脱出来，集中精力做好留学生学籍、教学管理。同时，服务中心也可以明确职责，提供更为周到专业的服务。留学生服务中心与留学生办公室分离，将带来管理和服务水平的全面提升，成为吸引更多国际留学生选择中国留学的新增长点。

远赴异国求学，留学生感觉最困难的是刚刚入学的一段时间。语言交流存在障碍，对留学国家的国情、文化不了解，对校园的情况不熟悉，饮食、住宿都还很不习惯，又没有结交到新朋友。陌生的环境常常让他们无所适从，甚至有同学因此抑郁不安。在这一阶段安排专门人员帮助留学生熟悉新的校园生活，会让他们感受到

学校的关怀，培养起他们对学校、对中国的友好感情，对于留学生管理工作会起到事半功倍的辅助效果。实践中，可以设想以 1 比 20 的比例招募留学生辅导员，在新生入学的第一个月内为他们介绍学校及周边环境、带领他们熟悉中国的生活、随时随地给予各种他们需要的指导和帮助。留学生辅导员可以从有外语专长、热心留学生工作的中国老师、学生中聘请，也可以从留学生中选拔志愿者。从近期看，聘请留学生辅导员必然要求增加资金投入，在经济利益方面会有些损失。但从长远看，一方面专业的新生入学引导工作会让留学生更了解相关法律法规，有效减轻日后管理工作的压力，另一方面留学生的认同也会带来巨大的社会效益，众口相传也将促进留学生规模的持续增长。

6.4 优化留学生事务管理的物质环境与精神环境

不断优化留学生事务跨文化管理的物质环境与精神环境，是提高管理实践水平的助推器。

在信息时代，全世界的学生都很依赖网络获得必要信息。然而，调查表明，国内高校留学生事务管理办公室的网站上并没有提供留学生想要知道的确切的信息。例如，留学生选课系统、留学生可以选择的专业名单以及导师的详细介绍。有的仅仅是在宣传本部门工作上的成就，而且语言很单一，除了汉语版，只有英语版。事实上，如果有过浏览欧洲高校网站的经历，就会发现，几乎所有欧洲高等教育区高校的官网，都可以根据需要在三到五种语言中做出选择，这正是欧洲高等教育区一体化发展状况的体现。在这一点上，国内高校应该多多借鉴。尽管英语作为一种现行的社会通用语言，在实际操作中，还是可以通过两种以上语言进行外事部门的网站建设。

目前高校普遍开通了国内学生的学生管理信息系统(含研究生)，收到了良好的效果。在运行过程中，学生可以通过输入个人信息确认登录，即可进行网络选课，个人学分信息查询等操作。但是在留学生群体中，其选课还没有实现独立操作，还要先提交纸质的选课单，在留学生教务老师的帮助下，进行选课信息的汇总与输入，这一过程中问题层出不穷，因为学生书写问题辨认不清导致输入信息错误，产生学生目标课程与实际所选课程不一致，并因为缺乏兴趣和无法改变选课的原因出现逃课和考试不合格的结果。这些不仅导致了资源的浪费，同时打乱了留学生的学习安排与进程。

目前在构成高校整体环境的各项指标中，包括图书馆、实验室、自习室，文体活动场馆在内，除了图书馆还差强人意外，其他硬件设备建设不足的问题比较突出。留学生对高等学校优美的自然环境、探究高深学问的气氛和有中国韵味的校园文化有很深的认同心理。因此，高校在优化学校自然环境、提高学校办学条件的同时、更要着力改善学术和学习的环境，营造出浓厚的学术空气、学习氛围、传统文化氛围，让每个留学生参与进来，更好地与本土学生融合，感受到这种氛围的熏陶。大学文化氛围的改善、文化品位的提高，说到底是对至真、至善、至美的追求，是用一种大学特有的高雅、深邃和神圣气象或者说精神追求来陶冶留学生。只有当我们自己的教育首先提升了精神境界，才能在养成留学生精神品位、综合素质上有所作为，也才能在激烈的教育国际化竞争中顺利突围，抢得先机。

7 结 论

从1950年我国招收来自东欧社会主义国家33名留学生开始,在高校外国留学生教育管理事业近七十年的探索发展过程中,尽管教育主管部门提出对留学生要进行"严肃管理,适当照顾"的要求,然而,囿于当时特殊国情和社会政治经济环境影响,高校的留学生教育管理实践却呈现出"特殊照顾"的特点,甚至在很长一段时间内发展成为"特殊化"管理模式。主要表现在:生活上视若外宾的特殊照顾和学习方面单独教学的特殊管理等。尽管如此,特殊时代背景下的"特殊化"管理模式在特定的历史阶段仍然对留学生教育管理起到过积极的推动作用。

然而,随着高等教育国际化水平的发展,近年以来,世界各国之间的对话与交流日益紧密,来自世界各国的留学生的生源规模不断扩大,中外学生之间、中外师生之间多层面多领域的交流使得校园文化呈现出多元化的特点,各种意识形态、政治倾向、文化观念并存,形成多元的文化形态与激烈的价值冲突。教育管理过程中不断凸显的矛盾与问题对既有的特殊化模式提出了越来越严峻的挑战。能否不断解放思想、突破旧有传统模式的束缚、顺应文化多元发展的需要、打破阻碍文化交融发展的壁垒、探索多元化条件下的跨文化管理模式成为新形势下高校来华留学生事务管理最为迫切的变革期待。

事实上,高校留学生事务管理与国家特有的政治经济体制、文化背景等密切相关。国外和港台地区高校根据自身社会发展、历史文化价值观与大学使命,在长期的学生事务管理中探索和形成的特色做法,为探讨留学生事务管理的变革提供了很具启示性的实证范式。然而,我国大陆与欧美国家、港台地区的社会制度、文化背景、舆论观念、经济基础不尽相同,因此,完全照抄照搬这些理念、理论与模式显然不可取,漠视现状、因循守旧、固步自封自然也行不通。因此,我们必须在考虑国际高等教育管理普世性原则的同时,进一步根据我国国情与社会发展要求,找到与特定社会制度下高校留学生群体本身发展的对应性，对高校来华留学生事务跨文化管理进行新的系统设计。

本研究设计出的高校来华留学生事务跨文化管理体系中，留学生事务管理机构的设置相对独立，权责清晰；留学生事务管理者与留学生之间的关系不再是生硬的管理者与被管理者、绝对的命令者与无条件的服从者，而是一种建立在相互尊重、相互信任基础上的多元化互动的关系。在这样的互动中，管理者扮演一种新的引导者与服务者的角色，在帮助留学生克服各种文化障碍的基础上，使得留学生学习与生活中的多元化发展需求在体系中得到充分满足与实现。同时，搭建"高校来华留学生事务分层管理平台"，通过充分发挥该平台中由留学生事务专家组成的虚拟组织——"留学生事务跨文化管理顾问小组"的积极作用，实现对学历留学生进行趋同化管理、对非学历留学生进行市场化管理的分层管理目标。

总体而言，高校来华留学生事务的跨文化管理，首先要坚持"以人为本"的理念贯穿管理过程，同时要"尊重文化差异，倡导平等包容和留学生自治互助"，在此基础上对留学生事务管理活动过程和人员角色进行精确的跨文化定位，制定严明的管理制度并切实执行，形成科学合理的管理体制与运行机制，实现管理人员培养的专业化和队伍建设学科化。此外，还应该积极寻求外部的政策和社会支持，通过有效的跨文化沟通、跨文化培训，充分将科技发展的最新成果转化为教育管理的必要手段，在国际化、多元化、"互联网＋"的大背景下，乘着"一带一路"发展机遇的东风给留学生教育管理事业带来的良好内外环境，积极发挥教育管理工作的内在优势，实现来华留学生事务的跨文化趋同管理。

参考文献

(一)中文资料

1. 著作类

[1] 全国高校外国留学生教育管理学会. 面向二十一世纪的来华留学生教育——1999全国高校来华留学工作学术研讨会论文集. 北京：新星出版社，1999.

[2] 郑永廷. 思想政治教育方法论[M]. 北京：高等教育出版社，1999.

[3] 李滔. 中华留学教育史录(1949年以后)[M]. 北京：高等教育出版社，2000.

[4] 崔学楼. 上海留学生教育的回顾与展望[M]. 上海：上海教育出版社，2002.

[5] [美]斯蒂芬·P·罗宾斯，玛丽·库尔特著. 孙建闽等译. 管理学(第7版)[M]. 北京：中国人民大学出版社，2003.

[6] [美]加雷尔·琼斯，珍妮弗·乔治，查尔斯·希尔著. 李建伟等译. 当代管理学[M]. 北京：人民邮电出版社，2003.

[7] 彭庆红. 失调与变革：高校学生思想政治工作队伍建设研究[M]. 北京：知识产权出版社，2004.

[8] 范徵. 跨文化管理：全球化与地方化的平衡[M]. 上海：上海外语教育出版社，2004.

[9] [美]海因茨·韦里克，哈罗·德孔茨著. 马春光译. 管理学——全球化视角[M]. 北京：经济科学出版社，2005.

[10] [美]唐·黑尔力格尔，苏姗·E·杰克逊，小约翰·W·斯洛克姆著. 张燕等译. 管理学——能力培养取向[M]. 北京：中信出版社，2004.

[11] [美]拉里·A·萨默瓦，理查德·E·波特著. 闵惠泉，王纬，徐培喜

译. 跨文化传播[M]. 北京：经济科学出版社，2004.

[12] 侯光明等. 组织系统科学概论[M]. 北京：科学出版社，2006.

[13] [美]温德尔·L·弗伦奇，小塞西尔·H·贝尔，罗伯特·A·扎瓦茨基著. 阎海峰，秦一琼译. 组织发展与转型：有效的变革管理[M]. 北京：机械工业出版社，2006.

[14] 康青. 管理沟通[M]. 北京：中国人民大学出版社，2006.

[15] 冯刚，赵锋. 走进英国高校学生事务管理[M]. 北京：中国人民大学出版社，2007.

[16] 蔡国春. 中美高校学生事务管理模式比较研究[M]. 青岛：中国海洋大学出版社，2007.

[17] 储祖旺. 高校学生事务管理教程[M]. 北京：科学出版社，2008.

[18] [美]苏姗·R·考米斯，达德利·B·伍达特等著. 本书译委会译. 学生服务：高校学生事务服务手册[M]. 北京：中国青年出版社，2008.

[19] 斯蒂芬·P·罗宾斯，蒂莫西·A·贾奇著. 李原，孙健敏译. 组织行为学[M]. 北京：中国人民大学出版社，2008.

[20] 王秀彦，高春娣. 高校学生事务管理概论[M]. 北京：高等教育出版社，2009.

[21] 于富增. 改革开放30年的来华留学生教育[M]. 北京：北京语言大学出版社，2009.

[22] 冯培. 中国高校学生事务管理模式创新[M]. 北京：中国人民大学出版社，2009.

[23] 陈晓萍. 跨文化管理[M]. 北京：清华大学出版社，2009.

[24] [德]弗里德里希·包尔生著. 张弛等译. 德国大学与大学学习[M]. 北京：人民教育出版社，2009

[25] [美]理查德·L·达夫特著. 范海滨，王青译. 管理学 The New Era of Management[M]. 北京：清华大学出版社，2009.

[26] 王朝晖. 跨文化管理[M]. 北京：北京大学出版社，2009.

[27] 杨军红. 来华留学生跨文化适应问题研究[M]. 上海：上海社会科学院出版社，2009.

[28] 张晓京. 美国高校学生事务管理——基于八所大学的个案研究[M]. 北京：中国传媒大学出版社，2010.

[29] 北京市高教学会外国留学生工作研究会. 北京市高校来华留学生管理工作

人员手册. 学会内部资料，2010.

[30][美]W·理查德·斯科特著. 姚伟等译. 制度与组织：思想观念与物质利益[M]. 北京：中国人民大学出版社，2010.

[31]戴天宇. 超越执行力[M]. 北京：清华大学出版社，2010.

[32]郑兴山. 跨文化管理[M]. 北京：中国人民大学出版社，2010.

[33][英]弗恩斯·特朗皮纳斯，查尔斯·汉普登·特纳著. 刘现伟译. 跨文化人员管理[M]. 北京：经济管理出版社，2011.

[34][英]尼格尔·霍尔顿著. 康青等译. 跨文化管理：基于知识管理的视角[M]. 北京：中国人民大学出版社，2011.

[35][美]理查德·L·达夫特著. 王凤彬等译. 组织理论与设计[M]. 北京：清华大学出版社，2011.

[36]魏小军编著. 跨文化管理精品案例[M]. 上海：上海交通大学出版社，2011.

2. 论文类.

[37]谢怀珠，董京生. 加强对外国留学生的教育管理工作[J]. 高等教育研究，1990(04).

[38]黄道林. 正确处理留学生管理工作中的若干问题[J]. 中国高教研究，1994(06).

[39]冯保平. 建立具有中国特色的留学生教育管理模式[J]. 中国高教研究，1995(02).

[40]徐康年. 浅议实施学分制后的留学生管理工作[J]. 中国高教研究，1995(02).

[41]李盛伍. 浅析外国留学生校外住宿的管理[J]. 公安大学学报，1995(04).

[42]刘同兰. 外国留学生管理工作中心理学原理应用[J]. 心理科学，1996(05).

[43]徐海宁，张务一. 英国外国留学生教育管理及对我们的启示[J]. 江苏高教，1996(S1).

[44]张小明. 英国留学生教育管理透析[J]. 江苏高教，1997(02).

[45]金春花. 提高外国留学生管理工作水平的新尝试[J]. 中国高教研究，1997(05).

[46]夏敏. 高等学校留学生教育管理质量评估体系初探[J]. 中国高教研究，1997(06).

[47] 崔永日,崔享龙,金永灿. 浅谈来华留学生教育管理中的思想教育[J]. 中国高教研究,1998(06).

[48] 马丽,韩树郁. 留学生管理信息系统的开发与应用[J]. 哈尔滨理工大学学报,1999(04).

[49] 崔永日. 留学生管理新观念略论[J]. 东疆学刊,1999(04).

[50] 由继禹. 高校来华留学生教育管理队伍素质探析[J]. 沈阳师范学院学报(社会科学版),2000(03).

[51] 吴缄中,鹿士义. 世纪之交呼唤留学生管理现代化[J]. 中国高教研究,2001(01).

[52] 侯梅芳. 高校来华留学生社会化管理的实践和探索[J]. 中国高教研究,2001(06).

[53] 郭继超. 留学生管理工作中的文化冲突及其对策[J]. 中国高教研究,2001(11).

[54] 崔永日,崔享龙. 来华留学生思想教育工作刍议[J]. 延边大学学报社会科学版,2001(12).

[55] 刘希英. 首都经贸大学留学生教育管理模式及特色[J]. 中国高教研究,2001(10).

[56] 裴玉梅. 对留学生管理工作的几点认识[J]. 中国高等教育,2003(06).

[57] 杨丽华. 对俄罗斯留学生的管理与教学刍议[J]. 中国高教研究,2004(03).

[58] 刘海涛,洪岩. 浅谈对韩国留学生的管理[J]. 高校教育研究,2004(04).

[59] 卓争鸣. 管教相融 双向共进——谈留学生管理干部与教师在留管教育过程中的关系问题[J]. 世界教育信息,2004(07-08).

[60] 欧阳光华. 一体与多元——欧盟教育政策述评[J]. 比较教育研究,2005(1).

[61] 雷伟中. 湄公河流域国家来华留学生的文化特征及其管理[J]. 广西民族学院学报(哲学和会科学版),2005(02).

[62] 探索适合于东盟国家留学生的培养模式和管理模式——10+1背景下广西的东盟留学生教育的思考(二)[J]. 东南亚纵横,2005(08).

[63] 金春花. 加强来华留学生思想教育工作的思考与几点措施[J]. 黑龙江教育(高教研究与评估版),2005(07-08).

[64] 关力群. 高校留学生经费管理现状与对策[J]. 黑龙江高教研究,2005

(09).

[65] 朱萍. 基于 NET 技术的外国留学生管理信息系统的开发与设计[J]. 中国科技信息，2005(19).

[66] 谢新. 文化差异与留学生突发事件的预防及管理[J]. 中国高等教育，2006(05).

[67] 方玲波. 关于高校留学生柔性管理的思考[J]. 教育与职业，2006(32).

[68] 徐玫. 来华留学生工作探析[D]. 上海：华东师范大学，2007.

[69] 艾忻. 试论来华留学生管理国际化[J]. 外国留学生工作研究，2007(01).

[70] 王艺. 高等教育国际化背景下的趋同管理[J]. 外国留学生工作研究，2007(01).

[71] 种健. 留学生教育中的文化交流与跨文化管理[J]. 外国留学生工作研究，2007(02).

[72] 韩小杰. 对加强高校外国留学生思想教育问题的探讨[J]. 盐城工学院学报(社会科学版)，2007(04).

[73] 黄廷义. 做好留学生档案管理，促进留学生教育发展[J]. 兰台世界，2007(09).

[74] 刘庆委. 谈儒家言语道德文化在来华留学生教育管理工作中的应用[J]. 广西医科大学学报，2007(S1).

[75] 艾忻. 试论来华留学生管理国际化[C]. 北京高校来华留学生教育研究(年会论文集)，2008.

[76] 季乐. 细微处见态度——谈高校来华留学生管理工作[J]. 内蒙古财经学院学报(综合版)，2008(03).

[77] 宫兴林. 对当前留学生管理工作中几个突出问题的思考及对策[C]. 北京高校来华留学生教育研究(年会论文集)，2008.

[78] 关秋红. 关于来华留学生思想教育工作的几点认识[J]. 牡丹江大学学报，2008(09).

[79] 杨慧. 我国大学留学生事务管理机构研究[D]. 上海：复旦大学，2008.

[80] 时长江，刘彦朝. 构建高校学生事务管理制度的路径选择[J]. 中国高等教育，2009(19).

[81] 孙璐. 高校外国留学生管理工作评估指标体系的建构[J]. 北京：北京体育大学管理学院，2009.

[82] 程家福，黄美旭. 略论来华留学生教育历史分期问题[J]. 外国留学生工

作研究，2009(01).

[83] 孙方娇. 发挥留学生主体地位，探索留学生管理新举措[J]. 中国科教创新导刊，2009(07).

[84] 陆应飞. 关于来华留学生教育管理规章制度的思考[J]. 外国留学生工作研究，2010(01).

[85] 王家凌. 论来华留学生管理人员的能力构成[J]. 科教文汇（下旬刊），2010(01).

[86] 强百发. 基于文化差异下的来华留学生管理[J]. 现代教育管理，2010(02).

[87] 徐娴，邹学海. 医学留学生在临床前期教育中管理的多方位实践与探索[J]. 教育与职业，2010(02).

[88] 李国宏，裴庆祺，郭彤，高新波. 浅谈留事学生思想政治教育的必要性[J]. 时代教育（教育教学版），2010(02).

[89] 刘冷馨等. 高校留学生工作中"导生制"可行性探析[J]. 外国留学生工作研究，2010(03).

[90] 房家毅等. 趋同教育的原则与现实意义[J]. 外国留学生工作研究，2010(03).

[91] 张铮. 试论留学生管理的"特殊照顾"与"同一管理"——中美高校留学生管理之比较[J]. 经济与社会发展，2010(03).

[92] 江永华，钟家宝. 留学生跨文化沟通研究[J]. 外国留学生工作研究，2010(03).

[93] 李景山. 浅谈对穆斯林留学生的管理[J]. 中国校外教育，2010(06下).

[94] 吕萍. 用陶行知德育思想指导来华留学生德育工作[J]. 中国校外教育（下旬刊），2010(07).

[95] 于淼，李国栋. 试论人文关怀视角下的高校留学生管理工作[J]. 继续教育研究，2010(07).

[96] 夏青. 对来华学历留学生实施"趋同教学管理"模式的思考[J]. 教育探索，2010(09).

[97] 张曦. 浅谈医科留学生汉语教学的质量管理[J]. 教育与职业，2010(26).

[98] 冒大卫. 浅析高校留学生管理工作的理念与机制创新[J]. 思想教育研究，2011(01).

[99] 潘慧斌. 我国高校外国留学生管理体制探讨[J]. 外国留学生工作研究，

2011(01).

[100] 蔡宗模. 十年博洛尼亚进程的经验与启示: 张力视角[J]. 外国教育研究, 2011(02).

[101] 王剑军. 论间性文化观和趋同管理视域下来华留学生的教育管理[J]. 教育与职业, 2011(08).

[102] 李慧琳. 中国高等学校外国留学生事务管理相关研究述评——兼论来华留学生跨文化适应的问题与对策[J]. CHINA研究, 2012(02).

[103] 伊莉曼·艾孜买提. 中亚来华留学生的跨文化管理模式初探[J]. 新疆社会科学, 2012(05).

[104] 彭庆红, 李慧琳. 从特殊照顾到趋同管理: 高校来华留学生事务管理的回顾与展望[J]. 河南师范大学学报(哲学社会科学版), 2012(05).

[105] 彭庆红, 李慧琳. 高校来华留学生事务现行管理模式分析与分层管理模式探索[J]. 现代大学教育, 2013(01).

(二)外文资料

[1] Roger B. Winston. Don G. Creamer Theodore K. Miller. The Professional Student Affairs Administrator: Educator Leaderand Manager[M]. NewYork: Routledge Press, 2001.

[2] N. Adler. International Dimensions of Organizational Behavior. 4th ed. Cincinnati, OH: Southwestern, 2002.

[3] Helen Deresky. International Management: Managing Acrossborders and Cultures Text and Cases[M]. Peking: Tsinghua University Press, 2011.

[4] Stephen P. Robbins Timothy A. Judge. Orgnizational Behavior(Thirteen Edition)[M]. Peking: Tsinghua University Press, 2011.

[5] Nyborg, P.. Convention, Process, Agreement: the Lisbon Recognition Convention and Bologna Process in the Context of GATS[A]. Bergan, S, (Eds). Recognition issues in the Bologna Process[C]. Council of Europe Publishing, 2003, 157−162

[6] European Commission. Erasmus Mundus(2009−2013)[EB/OL]. http://europa.eu.int/comm.education/programmes/socrates/erasmus/erasmus_en. 2007-08-20

[7] European Union Erasmus Mundus 2006−2007[EB/OL] http://europa.eu.int/comm.education/programmes/mudus/index_enhtml 2008-09-20

[8] Flicity Fallon. Report of A Visit of to The CAFSA International Education Association and Universites in China [R]. The Journal of University International Student Affairs，2010(02)

[9] Li-Huilin Peng-Qinghong. Overview of University International Student Affairs Administration in China [J]. The International Journal of Arts and Sciences，2011(11).

附 录

附录1　高校来华留学生事务跨文化管理访谈提纲(专家版)①

1. 您从事留学生事务管理工作的时间有多久？
2. 您所在学校的留学生事务管理机构设置与人员配置是怎样的？
3. 在管理过程中您认为最大的难点在于？
4. 您认为留学生事务管理工作的核心与特点分别是什么？
5. 对留学生学习和生活的管理与对国内学生的管理有何不同？
6. 留学生事务管理中最应该注意的是什么？
7. 您所在的学校自开始招收来华留学生以来，在学生来源、层次水平、文化结构方面的变化是怎样的？
8. 结合您的实践经验，您认为留学生事务管理机构应该怎样设置，管理机制怎样运行才能充分体现出科学化的特点？
9. 您认为在管理过程中，发挥留学生自治组织的自我管理作用，对提升留学生事务管理的整体水平有怎样的积极意义？
10. 对于如何加强留学生事务管理者的专业化水平，您有什么特别的建议吗？

---

① 本文访谈结果的获取主要通过以下方式：1. 海外专家：国际会议期间的交流、电话沟通、电子邮件；2. 国内专家：电话沟通、面谈；3. 来华留学生：课堂内外访谈；4. 中国海外留学生：国际会议期间交流、会后MSN、Skype沟通、邮件往来。

附录2 高校来华留学生事务跨文化管理访谈提纲(来华留学生版)

1. 您来自哪个国家？到中国求学的时间有多久？
2. 在中国的学习、生活中，您遇到的最大困难是什么？
3. 在来中国之前，您是否进行过比如语言、跨文化培训等相关的准备工作？
4. 您来中国之前有什么样的期待？来中国之后的现实和您的期待有什么差距？
5. 您有过去其他国家留学、生活的经历吗？和您以前的经历相比，您认为在中国的留学、生活有什么不同之处吗？
6. 您所在的大学留学生管理部门的老师数量多吗？在和留学生事务管理人员的交流中，除了语言方面的障碍，您认为还有其他方面的困难吗？
7. 您所就读的大学对留学生的管理是严格的还是宽松的？您对这样的管理方式能够适应吗？
8. 在与中国老师和同学交往过程中，您感到最困惑不解的事情是什么？
9. 通常情况下，您会参与学校的各种文化交流活动吗？
10. 您所在的大学，有没有什么有特色的留学生自治组织？比如某一个国家的留学生会或是包含多个国家留学生的留学生会？

附录3 高校来华留学生事务跨文化管理访谈提纲(海外中国学生版)

1. 您所就读的大学最吸引您的是哪些方面？自然环境？人文环境？
2. 您所就读的大学在管理上有没有设置专门的留学生生活事务管理办公室？是否存在对留学生特殊关照的状况？
3. 在学术事务中，对外国留学生的管理与对其国内学生的管理有无不同？
4. 在国外的求学生活中，您个人最大的问题存在于课业方面还是生活方面？
5. 您所在的学校留学生群体之间的交流活动是完全自发的还是会有校方的统一指导和统筹？
6. 您所在学校的国际事务部门的工作人员通常是怎样的学历水平和专业背景？
7. 就您的经历和体验，您认为，国内外对留学生的管理最大的不同是什么？
8. 您认为，国外大学在对留学生的管理方面最值得借鉴的是什么？国内高校在该领域最应该从哪些方面做出调整和改变？

后 记

　　2006年的秋天，从河北经贸大学本科毕业后的第二个年头，我正式以北京科技大学文法学院硕士研究生的身份踏上了这片热土，拉开了自己北京求学生涯的序幕。硕士两年，转瞬即逝，无论是在学习上还是生活中，我的导师刘莉副教授都给予了我慈母般无微不至的关怀，这让独自在京求学的我感受到了亲人般的温暖。然而，2008年6月，硕士毕业之时，既没有如愿收到来自北大的博士录取通知书，也没有找到合适的就业机会，突然之间感觉自己像是被世界无情抛弃的孩子，失落，无助，彷徨，迷茫，面对漫漫前路，不知何去何从。在离校的最后期限搬离学校窗明几净的宿舍，那一步三回头的不舍至今依然历历在目。

　　为了继续再战备考，我选择在北大西门承泽园落脚，开始半工半读的"工读"之路。低矮潮湿的平房，夏天像蒸笼，冬天如冰窖，没有暖气，没有卫生间，冬天早晨洗漱还必须用温水化开院子里冰冻的水管才能取水。那个冬天，远在千里之外，母亲特别叮嘱姐姐每天早晨一个电话，叫我起床（那段时间新闻相继报道了很多北京地区因烧土暖而导致的煤气中毒事件，而房东的土暖烟囱排气孔就在我的窗子上方，风向一变，劣质燃煤的气味就异常浓重，母亲让姐姐打电话来，其实是在看我是否平安度过了这一晚——儿行千里母担忧，随时随地无处不在的惦念，真叫人既温暖又心酸）。依然没有忘记那年12月的一天很早起来去参加公务员考试，在地铁上行进的几十分钟刚好是约定打电话的时间段，而我却忽视了地铁里面信号差这一点，也忘记了发短信提前告知姐姐。走出地铁的一刹那，看到手机上一连串几十个同一号码的未接来电，眼泪一下子夺眶而出——无论多么艰难的时期，只有至亲才会对你牵肠挂肚，不离不弃。

　　万幸的是，期间通过朋友借到了一张北大的学生校园卡，才得以自由混迹于北大校园各个角落，从光华楼到理教楼，从图书馆到大讲堂，从朗润园到燕南园，从未名湖畔到南北阁间，蹭自习，蹭讲座，蹭专业课，课余便是去教育培训机构兼职赚取房租和日常生活之用。这样的生活持续了一年，异常清苦，却足够充实、丰富。然而，2009年3月，在北大揭晓成绩时，我再一次与她无缘，虽万分失落，却也在经历数年的磨砺之后学会了从容面对这样的结果。

当上帝为你关上一扇门时，也一定会为你打开一扇窗。两个月之后，我收到了北京科技大学马克思主义学院思想政治教育专业的博士录取通知书。长达一年的北漂备考生活就此画上了圆满的句号。唯有经历阵痛，方能破茧成蝶。千淘万漉，吹尽狂沙，新生活的画卷终于徐徐铺展开来……

平心而论，能够成为彭庆红教授的开山弟子，是我一直以来都深感幸运的事。但同时也会担心自己无法达到导师的严格要求而倍感压力之重。在攻读博士学位的四年间，导师一贯严谨的治学和低调谨慎的处世风格深深地影响并激励我不骄不馁，脚踏实地。

以对外汉语老师的身份与留学生的初次接触，源于我在硕士阶段学习过程中一次偶然的代课经历。第一次站在大阶梯教室的讲台，面对百余名不同肤色的学生，我的青涩与紧张依然如同昨日般清晰。好在课后反响不错，这次代课，为我进入对外汉语教学领域打开了一扇大门。随后的几年，越深入留学生群体和留学生管理工作，也就越多地看到了留学生事务管理领域存在的困难和问题，同时也成为我博士论文选题的基础和来源。

在论文选题和研究、写作过程中，导师不仅仅从理论上给予我悉心指导，更从实践角度出发为我提供深入一线的实践机会，以更加深入全面地了解所研究课题，掌握一手数据和资料。在此基础上，我才有了在北京科技大学国际交流与合作处进行留学生事务一线管理实践的经历，并且得到了以独立带队老师身份带领留学生访问团外出考察和参访的机会，期间还有幸与浙江大学、同济大学、复旦大学等国内高校国际交流与合作处、港台地区和欧洲高等教育区部分高校国际处老师进行过深入交流与探讨。兄弟院校从事留学生事务管理工作的同仁慷慨地将相关信息分享并且不吝赐教，这些对于本研究在调查数据的真实性和丰富性上提供了有力的帮助与支持。为此，特表谢意。

论文从瘦骨嶙峋的框架一步步到血肉丰腴的成文，从开题报告到中期汇报，每一个环节，都倾注了学院专家教授们的汗水与心血。感谢北京科技大学马克思主义学院陆俊教授、王民忠教授、李晓光教授、时立荣教授、左鹏教授对本文所提出的宝贵意见，感谢北京师范大学马克思主义学院王树荫教授、首都师范大学政法学院思政系(2015年7月并入马克思主义学院)高峰教授对论文评阅所付出的辛苦。专家们高屋建瓴的指点为论文进一步完善带来的帮助是不言而喻的。

四载花落花开,时光悄然流逝。难忘的是遭遇瓶颈时导师的点拨与指引,更难忘喜形于色时导师的严厉批评和善意提醒,细雨轻风,却涤荡心灵,让人反思,给人警醒。生活中,我的师母钟广蓉老师常常在其和风细雨的劝慰中帮我驱散迷茫和失落,以其温婉如玉的品格感润我放下包袱,轻装前行。道路漫漫,师恩如山。

2013年6月,我完成论文答辩,并于同年9月顺利进入首都师范大学马克思主义教育学院工作。获之拴拴,积之栗栗,碎金般的秋色开始闪耀梦想的光辉——这一次,我终于站在了梦寐以求的大学讲台上,开始了另一段崭新的征程。

在这里,无论是教学上还是科研中,院长李松林教授、党委杜春丽书记、副院长黄延敏教授、安铁岭老师、教研室赵军华教授、李春玲主任、张鸿燕老师、靳海山老师、刘文革老师、陶悦老师以及学院其他老师都给予我许多无私的教导、引领、关怀和鼓励。所有这些,都让我深深感受到了来自学界前辈们的虚怀若谷和对后辈们的殷切期盼,也成为我丝毫不敢懈怠的鞭策力量。

2017年5月,经历了毕业之后近三年的蛰伏,博士论文也经过了一定程度的锤炼和打磨,我做出交付出版的决定。在同出版社接洽过程中,现任院长陈新夏教授多次督促此事并依托学院协同创新中心,为论文出版提供了必要的经费支持,在此,深表谢意!

九层之台,起于累土,千里之行,始于足下。我深知自己不是天资聪颖的人,逐梦路上的每一步都迈得异常艰难,也小心翼翼,因为我知道,既然不能一帆风顺,那么只有选择踏平坎坷。

弹指一挥间,来到北京已十一个年头。回顾自己寒窗苦读的二十载历程,仿佛看到了一只蜗牛的身影——尽管爬得很慢,却一刻也没有停留。从家乡到异乡,从小城到都城,从中学到大学,从硕士到博士毕业,每一步成长都离不开亲人们无微不至的关怀和不计回报的支持扶助。岁月的痕迹刻在额上,万千感慨涌上心头,我将把人生中第一部专著作为最值得纪念的礼物送给他们,以此来报答父母的养育之恩,姐妹弟兄的体恤之情。我也希望我的孩子能够从字里行间感受到她的妈妈在追逐梦想的过程中和科研探索之路上所付出的艰苦努力,期待他在将来能勤勤恳恳工作,踏踏实实生活,做一个阳光快乐的、既能仰望星空又肯脚踏实地的人。而我,也将坚守自己为人处世的准则,一如既往地努力工作,乐观生活,以回报人生路上所有予我臂助的人。

李慧琳

2017年7月 仲夏夜 于北京西三环北路105号